AF617498

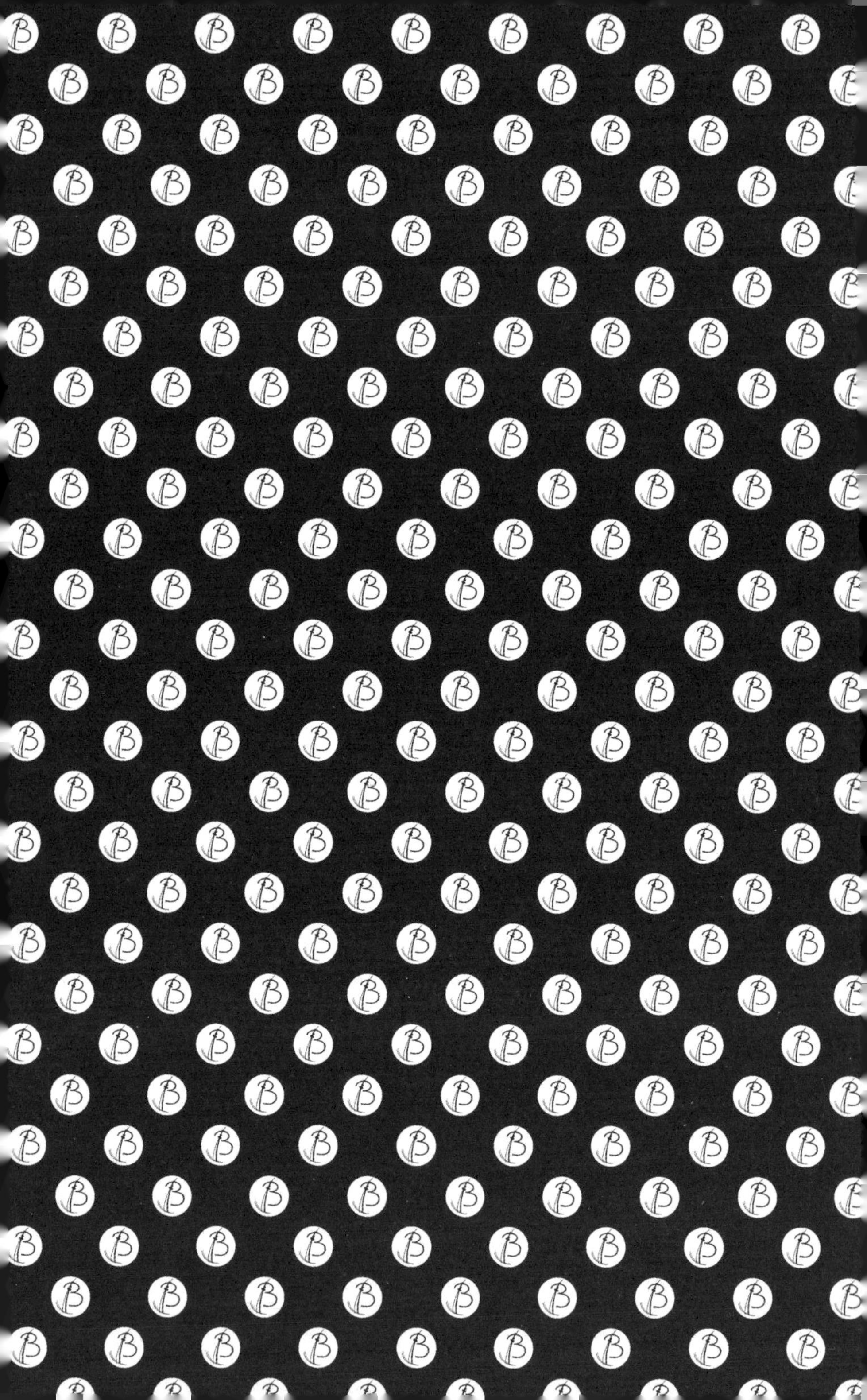

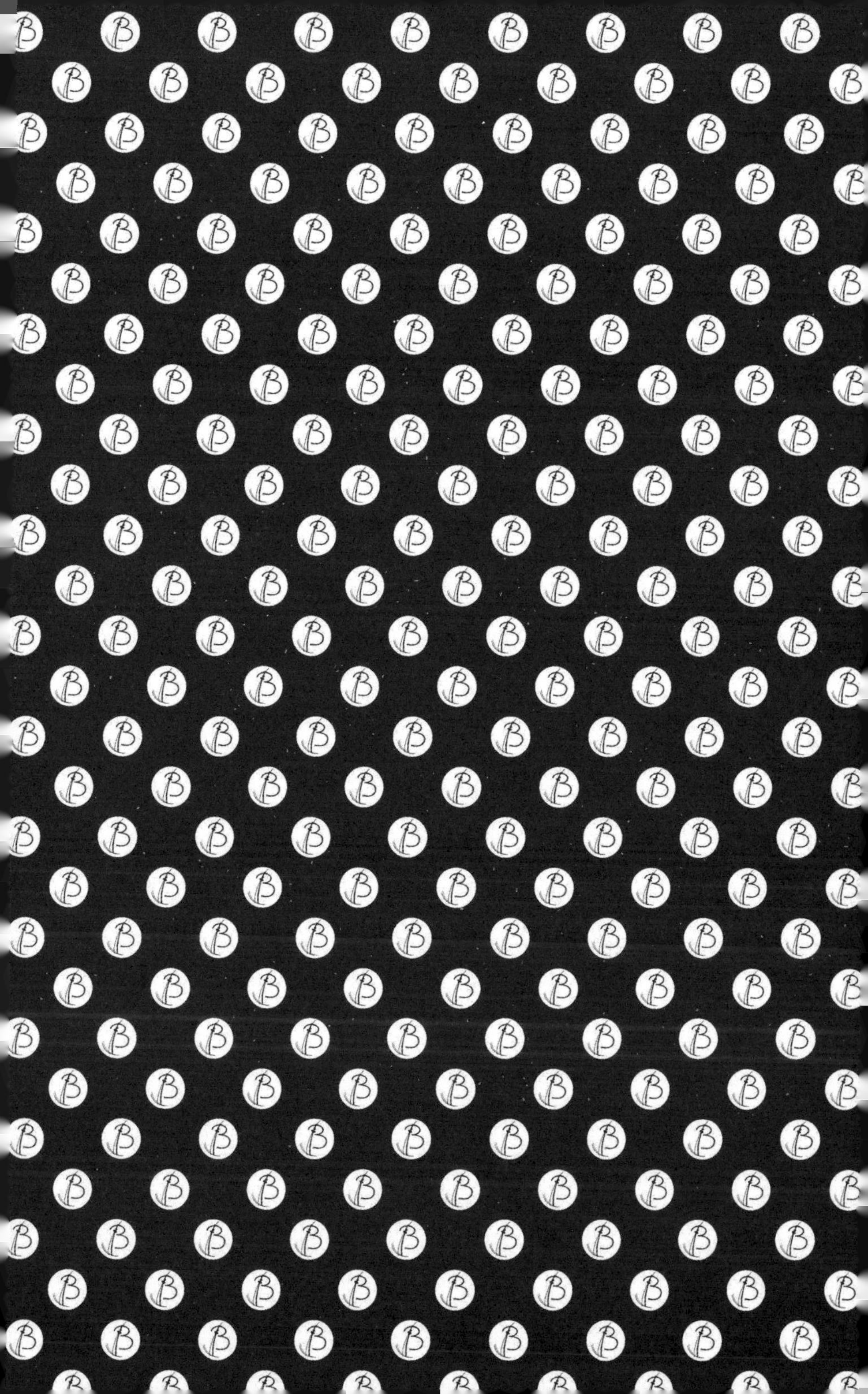

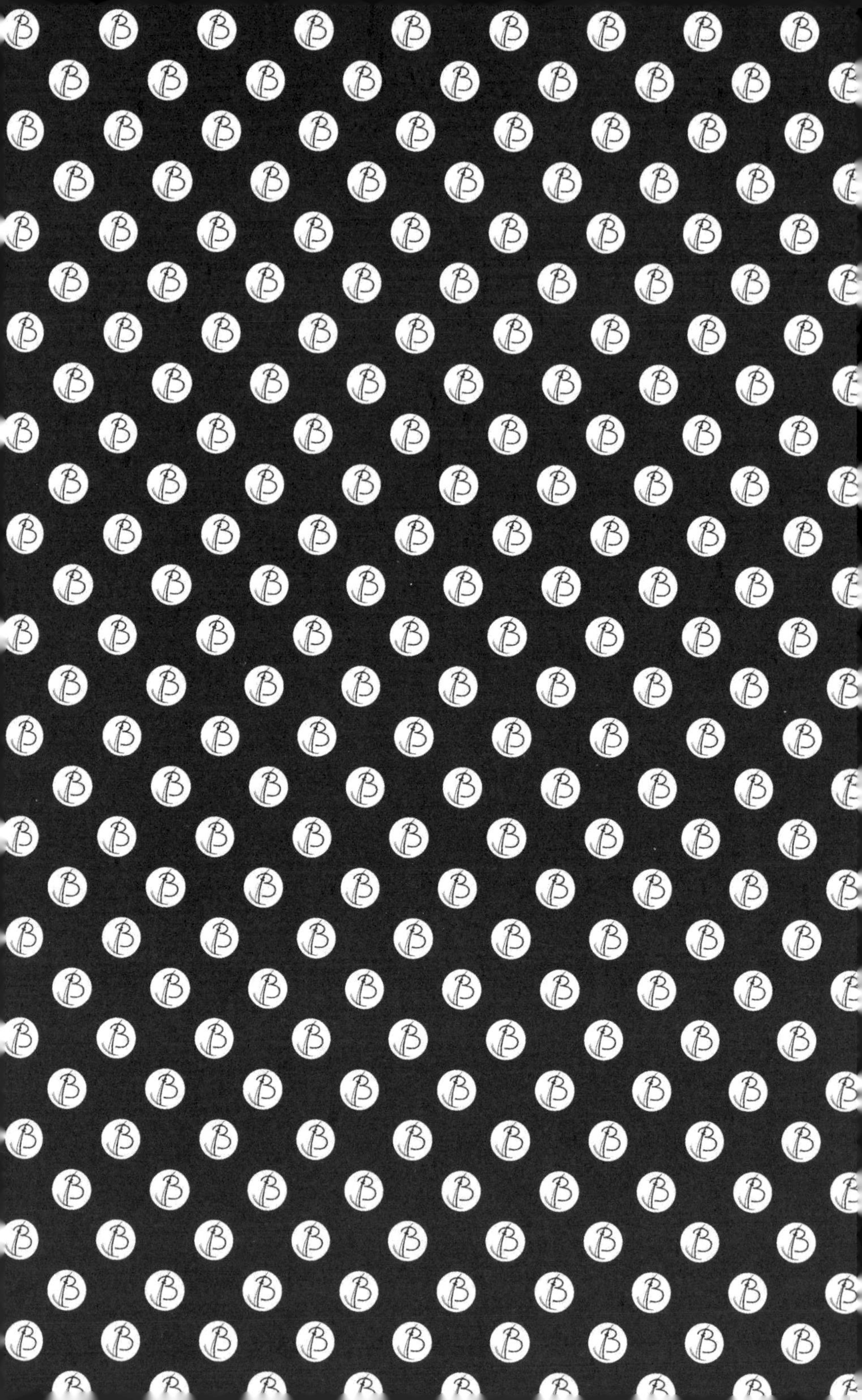

Sarah Gensburger & Sandrine Lefranc

Tejer el pasado

¿Para qué sirven las políticas de memoria?

Prólogo de Jordi Guixé

Barlin Libros
PENSAMIENTO AL MARGEN

Primera edición: febrero 2024

Título original:
À quoi servent les politiques de mémoire?

Sarah Gensburger & Sandrine Lefranc

Compaginación y diseño:
Barlin Libros

Dirección editorial:
Alberto Haller

Publicado por:
Barlin Libros
Avda. Baleares 61-20
46023, València

Thema: JP | JBCC8 | NHTB
ISBN: 978-84-128032-0-4
Depósito legal: V-4333-2023

Impreso en España

editorial@barlinlibros.org
www.barlinlibros.org

En colaboración con:

Co-funded by the European Union

Tabla

Prólogo

Hace ya algunos meses, tuve la ocasión de valorar muy positivamente la traducción al inglés del presente volumen de las investigadoras Sarah Gensburger y Sandrine Lefranc. Por ello mismo, esta versión en castellano supone una muy buena noticia, no solo para Barlin Libros y las amigas autoras, sino también para los lectores y lectoras hispanos, para los aficionados a los avatares de la memoria, en general, y para el crecimiento del análisis crítico de los procesos sociales de los usos del pasado, en particular.

Cuando las autoras y el propio editor de esta edición me contactaron, desde el Observatorio Europeo de Memorias (eurom) de la Fundación Solidaridad de la ub no dudamos un solo instante en mostrar nuestra disposición a colaborar con el presente volumen. Es, además, muy oportuno. Cuando algunos y algunas defendemos que la memoria es un proceso en el que se desarrolla en sí mismo el efecto de revisitar el pasado desde el presente, es cuando podemos hablar de memoria como proceso social. También lo es político —y mucho en nuestro país—. En un marco estatal de recién aprobación de la segunda ley memorial española (2022), el debate público, y el consiguiente conflicto sobre la mirada al pasado, se vuelve frívolo y mediáticamente manipulado y polarizado. Es muy necesario, por tanto, una reflexión en torno a los usos y abusos del término «memoria» en el presente. Dentro de la amplia producción que hay en el campo de los estudios culturales de la memoria, necesitamos reflexiones críticas sobre su propio chasis ciudadano. La aparición de este libro es, por este motivo, pertinente, pues nos proporciona elementos críticos y analíticos sobre esos procesos de memoria social. Las autoras realizan un balance sobre los resultados sociales esperados de la memoria que, por los motivos que sean, no se producen, o han producido, real o efectivamente.

La experiencia en la materia de Gensburger y Lefranc se sirve de una gran diversidad de trabajos de ciencias sociales para comprender por qué las políticas de memoria, hasta ahora, no han alcanzado sus objetivos. Para ello, el libro cuenta con tres partes: ¿qué son las políticas de memoria y para qué sirven?; ¿qué es lo que realmente hacen?; ¿por qué no puede suceder lo que se espera de ellas? En consecuencia, ¿cómo podemos entender que existen y se desarrollan de alguna manera? Esta estructura requiere de un bagaje enorme, que entrecruza vastos conocimientos de dos subcampos de estudio: la justicia transicional y la política democrática. Y para ello, se sirve de una gran variedad de contextos, tanto de situaciones nacionales como transnacionales. Este libro es una contribución muy original a la crítica de los trabajos de memoria, desde una perspectiva innovadora y profesional. La lista de referencias del final es rica e imprescindible, y atraviesa, como la memoria colectiva misma, disciplinas y continentes.

Del origen francófono del volumen debemos valorar la internacionalización de referencias y la amplitud de aportaciones comparadas a otros casos nacionales. Igualmente, aporta una perspectiva nueva y crítica sobre la dimensión normativa de los estudios de la memoria. Por supuesto, esta postura puede generar comentarios contradictorios y controvertidos en algunos autores. No obstante, de ello se nutre el crecimiento del conocimiento y del análisis. Siempre un debate inspirador y que nos hace pensar, repensar y aprehender de la reflexión y la experiencia. Les deseo una rica y fructífera lectura.

Jordi Guixé
Director del Observatorio Europeo de Memorias (Eurom)

Introducción

Este libro parte de una observación: la presencia del pasado es recurrente en nuestras vidas. Nosotras, autoras, y además madres de cinco niños escolarizados, no somos una excepción. Es común escuchar por las mañanas en la radio comentarios o debates sobre conmemoraciones acaecidas en otros países en torno a pasados violentos. Puede que no tanto como sobre la actualidad deportiva, claro; pero lo cierto es que estas evocaciones alimentan tertulias de bar, y generan debates en muchos otros espacios, como por ejemplo los círculos literarios —buena muestra de esto último podría rastrearse, sin duda, en el último premio Goncourt concedido—.[1] Es posible que por las noches los niños comenten en casa algún tema estudiado en el colegio relacionado con el pasado reciente, o que nos sentemos en familia a ver una serie de televisión sobre la Ocupación durante la Segunda Guerra Mundial. Los fines de semana es cada vez más frecuente que los «buenos padres» visiten con sus hijos algún lugar de memoria. Periodistas, escritores, políticos... todo el mundo parece coincidir en la necesidad de rememorar las violencias pasadas a fin de establecer un mejor marco de convivencia.

No obstante, esta presencia omnímoda del pasado no es algo nuevo. Los Estados son hábiles moldeadores de la memoria. En

---

1 El Premio Goncourt es el galardón literario más prestigioso de las letras francesas. Comenzó a concederse en 1903 a instancias del escritor Edmond de Goncourt. Esta obra fue originalmente publicada en Francia en 2017, por lo que el comentario aquí referenciado se refiere a la obra ganadora ese mismo año: *El orden del día*, del escritor lionés Éric Vuillard. Una *nouvelle* sobre el auge del Tercer Reich a principios de la década de los 30 del siglo xx. *[Nota de los traductores]*

Francia, tanto la monarquía como el Imperio o la República, con sus correspondientes diferencias, hicieron del pasado una herramienta clave para la construcción de una identidad nacional (Michel, 2010). Todos los que detentaron el poder político forjaron tradiciones e historias oficiales, en un proceso que implicaba la evocación de grandes acontecimientos o la invención de leyendas, así como el ostracismo de los vencidos. Sin embargo, la Primera Guerra Mundial marcó una ruptura, generando una democratización de estas evocaciones del pasado por parte del Estado. Las políticas empezaron a negociarse de manera más abierta; en un primer lugar con los excombatientes, con las familias de los soldados caídos en combate y con los municipios. Más tarde, en especial a partir de los 70, hubo minorías y representantes de víctimas que comenzaron a refutar estos relatos oficiales y a difundir sus propias versiones de la historia. Se inauguró así un momento de «memoria negativa» (Rousso, 2016) en el que, en nombre de los derechos humanos, comenzaron a exhumarse las faltas cometidas por la nación, especialmente los crímenes cuyos responsables no habían sido juzgados. En este contexto, los gobiernos contemporáneos suelen mostrarse reacios a autocastigos severos, y mucho menos con el vigor de la «justicia de los vencedores». Por su parte, la ciudadanía, más que la justicia penal, lo que tiende a buscar es la denuncia de «discursos de odio» o la «hipervigilancia». Los Estados se repliegan y al mismo tiempo, de manera paradójica, multiplican iniciativas inspiradas en otros países.

Si bien esta «cruzada global contra el olvido» ha acabado haciendo rendir cuentas a muchos Estados tras periodos de violencia, las políticas acometidas se han focalizado en la figura de las víctimas: es a ellas a quienes hay que nombrar, distinguir de los culpables, honrar, reparar y apaciguar. En suma, lograr una identificación de los ciudadanos con su dolor.

Pero, aunque las formas de hablar de estos temas han cambiado, sigue existiendo una convicción. Sea que el Estado se presente como productor triunfante de la identidad nacional, o se hunda en un mar de iniciativas cuestionadas; sea que las multitudes se reúnan en torno a los monumentos, o que los ignoren, los dispositivos memoriales sirven para disponer representaciones y, a partir de ahí, actitudes —«patrióticas», en tal circunstancia; «humanistas», en tal otra—. La evocación de pasados violentos se hace siempre en forma de relato edificante que incita a extraer lecciones y a modificar comportamientos; antes para convertirse en «leales soldados», hoy para ser ciudadanos tolerantes.

¿Para qué promover la memoria? ¿Para qué transmitirla, ya sea en las escuelas, en los museos, en las televisiones, en ceremonias conmemorativas, en juicios —«por la memoria»— a criminales políticos[2] o durante la audición de alguna comisión de verdad?[3] Para que los ciudadanos puedan conocer los hechos, comprender los desafíos del presente y adaptar sus comportamientos. Las políticas de memoria, pocos lo dudan, contribuyen a la tolerancia de los individuos y a la cohesión social. Aquello que construyó ciertas memorias —propagandas de odio, evocaciones de una derrota juzgada como humillante o llamamientos a la venganza— puede confrontarse. Es decir: las actuales políticas de memoria son la cara B de las políticas de incitación al odio, a menudo desplegadas por poderes agresivos que movilizan de manera radicalmente distinta la evocación del pasado.

¿A quiénes deberían dirigirse estas políticas? ¿A aquellos grupos o individuos lastrados por el odio, para lograr así que dejen de lado sus prejuicios? ¿A las víctimas de violencias po-

2 Por ejemplo, el de Klaus Barbie, Maurice Papon, Augusto Pinochet o Pascal Simbikangwa, acusado de genocidio en Ruanda y juzgado en París en el 2014 y en el 2016.

3 Las comisiones de verdad son instituciones temporales que buscan revelar malas acciones del pasado por parte, principalmente, de actores gubernamentales —aunque no de manera necesaria—. En su proceder, suele ser habitual, entre otras fuentes, recurrir a testimonios de víctimas. Desde los años 80 del siglo XX se han creado alrededor de 40 de estas comisiones.

líticas pasadas, para «devolverles su dignidad»? ¿A terceras personas, indulgentes y tolerantes, a fin de consolidar sus puntos de vista? ¿A los indiferentes? ¿Deben enfatizar «lo que se debe hacer» o «lo que no se debe hacer»? La respuesta por parte de los impulsores suele ser imprecisa: las políticas de memoria deben hablar del bien y del mal, y deben dirigirse *a todos*.

En tanto madres de niños todavía pequeños, creemos en la posibilidad de formar mejores ciudadanos a través de la memoria, empezando por esas «futuras generaciones» que estamos educando. Consideramos que las políticas fundadas en amenazas y juicios —por ejemplo, las leyes que prohíben discursos discriminatorios e insultos raciales— no son la única manera de fomentar una mayor tolerancia. La idea de que a través de la memoria y las «lecciones del pasado» es posible prevenir al ciudadano contra violencias futuras puede resultar un alivio frente a determinadas inquietudes, protegiendo a quienes comparten estos valores de eventuales dudas respecto a su propia moral. Al fin y al cabo, resulta tranquilizador poder imaginar que *hoy* se pueda contestar en positivo a la pregunta: «¿Qué haría yo *mañana* si me entregaran un arma para matar a mi vecino?».

Esta creencia en los efectos salvíficos de la memoria ha sido institucionalizada a través de políticas activas y de organismos especializados, impulsada por profesionales que actúan con convicción. Para ciertos observadores se trata de la única norma moral compatible con un mundo globalizado (Alexander, 2002; Levy y Sznader, 2004). Describir esta creencia y la manera concreta en que se la pone en práctica es lo que buscamos hacer en el primer capítulo de este libro.

Sin embargo, hay un hecho incuestionable: el despliegue de políticas de memoria no es sinónimo necesario del desarrollo de sociedades más pacíficas y tolerantes. Podemos formular hipótesis sobre qué resulta más conmovedor a este respecto, si los grandes relatos de Estado o las historias personales de las víctimas; mucho más difícil resulta alcanzar certezas.

Algunos investigadores han señalado que el hecho de aplaudir acciones políticas concretas en las que se evoquen glorias pasadas, o en las que se hagan llamamientos a la tolerancia, no implica necesariamente adhesión a la idea, ni mucho menos que se esté dispuesto a modificar tal o cual comportamiento (Mariot, 2011). Su presencia no es sinónimo de aprobación, pues puede que se produzca fruto de un estado de ánimo, o en el contexto de un acontecimiento particular. También, mientras se asiste, pongamos por caso, a un homenaje oficial en nombre de los muertos por «una causa nacional», cabe la posibilidad de entregarse «en cuerpo y alma» al motivo, o que se aproveche la ocasión para, discretamente, hacer la lista de la compra. Memoria nacional en positivo o memorias individuales negativas: es probable que ni la una ni las otras posean el poder y la fuerza que se les quiere asignar.

Resulta tentador tratar de evaluar la eficacia de las políticas de memoria. Pero es difícil —cuando no directamente imposible— calibrar el impacto que puedan tener en «las mentes y los corazones de los ciudadanos», según una expresión recurrente en este ámbito. Los académicos que lo han intentado suelen caer en un debate cuyas posiciones oscilan entre el lamento por las identidades nacionales debilitadas, y el alegato en favor de aquellas víctimas que se perciben como más débiles. Sin embargo, las ciencias sociales —las ciencias políticas, la sociología, la antropología y ciertos ámbitos de la historia y de la psicología— nos permiten plantear la pregunta de otra manera.

Ya sea en el contexto de una democracia asentada, o en el de una que recientemente haya dejado atrás un conflicto violento, lo cierto es que las políticas de memoria se ejecutan sobre un conjunto de *vidas ordinarias*. O lo que es lo mismo: sobre individuos cuyas vidas se despliegan de manera simultánea en mundos diversos, paralelos y cambiantes —el ámbito familiar, el profesional, el sexual, el local, etc.—. Ni en la escuela, ni en el museo, ni durante la asistencia a un juicio memorial, el público se encuentra *directamente expuesto* al contenido propio de la memoria. La fuerza o la debilidad de las exhortaciones en favor de la tolerancia, o de las invocaciones a los «nunca más», se debate realmente en los intercambios ordinarios entre unos y otros, así como en las relaciones que se mantienen con otros grupos y con las instituciones.

Si podemos suponer que el pasado nos educa, es porque nos imaginamos la transmisión de ese pasado violento —ya sea en la escuela, en el museo o en instituciones dedicadas a tales propósitos— como un encuentro entre un alumno «atento y conmovido» y un profesor convencido de su rol de educador cívico y, por lo tanto, decidido a representar con ahínco ese papel. Al figurarnos este escenario, claro, ponemos el mundo social entre paréntesis: la complejidad de la implementación de toda política, los malentendidos que inevitablemente se gestan en el proceso de apropiación, la importancia capital del estatus social de los involucrados, la infinita variedad de motivos de cada uno de los implicados, los estados de ánimo de cada momento...

El estudio de estos *hechos sociales ordinarios,* que son también las políticas de memoria cuando se implementan, es el objeto del segundo capítulo de este libro. Y es ahí donde aparecen los límites de los efectos directos de estas políticas, y también sus posibles efectos no deseados.

Los llamamientos a recordar encuentran su fuerza o su debilidad en las interacciones, en función de la situación social en la que se hallan los individuos. Digámoslo de manera más sencilla: nuestras formas de ser, más o menos generosas y abiertas, cuentan —uno quiere ser conforme a lo que piensa de sí mismo, o a lo que cree haber sido—; pero respondemos «sí» o «no» a una demanda —matar, salvar, no insultar, hacer un favor— según el modo en que dicha petición es formulada, las características del contexto en el que se está inmerso o la mirada que arrojan los demás sobre nosotros. En resumen: no se es tolerante solo por tener una mente abierta, una educación de calidad o un buen corazón, sino también en base al contexto político, nuestra situación personal y nuestro estado de ánimo en ese momento, las ideas expresadas por nuestro vecino o la calidad de la sonrisa de un «extranjero».

En la tercera y última parte, trataremos de entender por qué, a pesar de todo, las políticas de memoria florecen y perduran. Aunque parezcan invisibles, sus efectos colaterales se manifiestan con fuerza, y se pueden observar, sobre todo, en el ámbito relacional. Nuestra hipótesis señala que esa fortaleza radica en los ecos que generan sobre una gran variedad de situaciones y modelos de sociedad —algunas de las cuales cuentan con políticas y profesionales de la memoria—. No obstante, para que los mandatos a recordar y a «no repetir nunca más» tengan una repercusión real, es necesario diseminarlos por una red de poderes e influencias. Esto ocurre, con particularidad, cuando un Estado no tiene los medios —por ejemplo, tras una guerra civil— o la ambición —en democracia— de tomar las riendas: los gobiernos se agitan, convulsionan y «hablan de más» cuando ya no están en condiciones de asentar una identidad nacional, o en un momento donde su propia capacidad de gestionar una política económica está en entredicho. Por tanto, es necesario reaprender a mirar, retirar el foco del individuo aislado, solitario, blanco de los discursos que dan lecciones sobre el pasado, y observar cómo, de forma indirecta, estas políticas tienen repercusión, no tanto en los contenidos históricos que se deben transmitir, sino más bien en el entramado social que sus hechos —lo que sucedió— producen en la realidad que conocemos.

Es así como este libro se propone analizar, desde una perspectiva poco habitual, una creencia muy extendida con respecto a la eficacia de las políticas de memoria para construir sociedades democráticas, ya sea en el contexto de regímenes políticos estables o en sociedades que hayan sufrido un conflicto bélico de manera más o menos reciente.

Este consenso suele implicar a agentes políticos o administrativos, a profesionales de la cultura, a docentes y otros educadores, a universitarios, a ciudadanos inquietos o convencidos, pero también a todo tipo de víctimas, que ya no se dejan engañar. Sin embargo, lo que todos comparten son los buenos motivos para seguir creyendo —o para fingir que creen— que estas políticas tienen el poder de impedir la reproducción de violencias o, de manera más general, de contribuir a la construcción de una sociedad mejor. No pretendemos tomar partido en debates político-científicos atravesados por consideraciones de moral común. Nos proponemos, por el contrario, dar un paso al lado con el propósito de adentrarnos mejor en el análisis —desde una perspectiva sociológica— tanto de estas reflexiones como de las políticas memorialistas que las inspiran. Saber lo que son y lo que hacen realmente permitirá, quizá, encarar su reforma y tratar de reflexionar de otro modo sobre cómo podrían evitar episodios de violencia colectiva.

«Usos del pasado» —políticos o sociales, según los autores—; «políticas del pasado» o «políticas de memoria»: existen múltiples términos para evocar esta presencia contemporánea del pasado en su relación con lo político (Lavabre, 2000). Entre las ambiciones de este libro no se encuentra la de fomentar la discusión sobre estos términos, a pesar de ser este un debate fundamental en el que ya hemos tenido ocasión de participar en el marco de otros trabajos. No obstante, ya que resulta indispensable nombrar los fenómenos —hecho que implica aceptar su reducción en tanto objetos de análisis—, recurriremos a la expresión «políticas de memoria», definidas como aquellas acciones que recurren a la evocación del pasado para incidir y transformar la sociedad. De igual modo, emplearemos el término «memoria» para designar un conjunto ecléctico de fenómenos que implican recuerdos individuales, su elaboración dentro de grupos sociales, y evocaciones más o menos autorizadas del pasado.

Por último, no nos limitaremos a lo que suele incluirse en la categoría de «políticas de memoria». Nos interesa abarcar también todos los sistemas que movilizan la evocación de un pasado violento con fines, entre otros, de prevención de la violencia y la intolerancia.

Dado que, por naturaleza, nada permite afirmar que haya diferencias sustanciales entre estos sistemas, ya se desplieguen en democracias consolidadas o en países con conflictos recientes, nuestra reflexión se articulará siempre desde la comparación, examinando una paleta lo más amplia posible de este tipo de políticas. Y es que, si lo que las define es su intención de modificar o de preservar la memoria de hechos pasados, ya sean gloriosos o vergonzosos —pero siempre violentos—, con el fin de generar un impacto sobre la sociedad contemporánea, nada justificaría que solo nos limitásemos a los que nos son familiares. Por ello, esos lugares de memoria pueden ser tanto un museo como un aula, un tribunal o —por qué no— un estadio de fútbol en el que una ONG internacional organice un partido entre equipos mixtos, allá donde una guerra civil hubiera separado a grupos étnicos o religiosos.

I

Lo que se espera de las «lecciones del pasado»

Los individuos buscan mantener la impresión de que están a la altura de las numerosas normas que los juzgan a ellos y a sus acciones. Dado que estos preceptos son numerosos y están en todas partes, los actores viven, más de lo que podría creerse, en un mundo moral. Sin embargo, no están preocupados por el problema moral de cumplir con esas normas, sino con el problema moral de dar una impresión convincente de estar actuando según dichas normas. Nuestra actividad, por tanto, atañe en gran medida a cuestiones de índole moral, aunque como individuos no desplegamos preocupación real por ellas. Nos comportamos como comerciantes de la moralidad.

Goffman, 1996

La aplicación de políticas de memoria se sustenta sobre la reafirmación constante de una convicción: conocer las violencias y tragedias del pasado permitirá construir en el presente sociedades pacíficas y tolerantes, evitando así que, en el día de mañana, conflictos similares vuelvan a producirse. Toda política pública pretende desempeñar una función concreta —reducir las desigualdades, luchar contra el desempleo, educar a los ciudadanos— que le otorgue legitimidad. Las relacionadas con la memoria son aún más ambiciosas: toman como referencia «lo peor», a fin de evitar un nuevo estallido violento. A su vez, presuponen un efecto directo sobre el comportamiento de los individuos y sobre las relaciones de unos con otros. Cuando se aspira a fortalecer la tolerancia en las sociedades democráticas, o a generar condiciones de convivencia entre enemigos recientes en situaciones posbélicas, se asume que estas políticas tienen el poder de concienciar, conmover y forjar vínculos sociales. El hecho de que evocar los pasados violentos permita evitar nuevos estallidos es una convicción que genera consenso en nuestras sociedades, tanto entre las élites dirigentes como entre los ciudadanos comunes, así como entre las distintas instancias del Estado. Lo mismo ocurre para el caso de los organismos internacionales. Esto ha llevado a la implementación de distintas herramientas por la memoria en contextos variados. La palabra «herramienta» es relevante, pues exuda un aroma funcional e instrumental. Las políticas de memoria no pueden limitarse a expresar algo: deben ser eficaces. O lo que es lo mismo: producir efectos.

La memoria como herramienta para reformar la sociedad contemporánea

Muchos actores involucrados en promover la memoria esperan que las iniciativas adoptadas en su nombre difundan conocimientos sobre hechos violentos. Esto explica, por ejemplo, la participación de gran cantidad de historiadores en museos, exposiciones o comisiones que reúnen elementos de conocimiento —testimonios o archivos—, califican acontecimientos o difunden saberes nuevos y relecturas. Es común hablar de «verdad» en las instituciones memoriales, aunque a menudo bajo la precaución de distinguir verdades plurales —subjetiva o social, por ejemplo—. De hecho, es el nombre de una de las instituciones más difundidas en la actualidad: las comisiones de verdad —a veces llamadas «comisiones de reconciliación»—.

Las políticas de memoria son, antes que nada, políticas de conocimiento, aunque ese saber nunca esté desprovisto de una función instrumental —al contrario que ciertos postulados del «saber por el saber» practicado por los científicos—. El trabajo de la memoria debe contribuir de manera necesaria al bienestar social. Se trata, por ejemplo, de evitar actos de venganza por parte de las víctimas, de generar condiciones óptimas para la estabilización de un régimen político, o de pacificar de manera duradera una sociedad. En el año 2010, Michelle Bachelet, presidenta chilena, inauguró en Santiago el Museo de la Memoria y de los Derechos Humanos, cuyo objetivo era «dar a conocer las violaciones sistemáticas de los Derechos Humanos por parte del Estado de Chile entre los años 1973 y 1990, para que a través de la reflexión ética sobre la memoria, la solidaridad y la importancia de estos derechos, se fortalezca la voluntad nacional para que "nunca más" se repitan actos que afecten a la dignidad de las personas».

Al volver sobre pasados dolorosos y conflictivos, se presupone que las políticas de memoria pueden saldar deudas, cerrar heridas y restablecer la serenidad ahí donde se produjeron traumas. Todas estas expresiones ponen de relevancia un imaginario emparentado con el lenguaje médico y, en particular, el traslado de mecanismos psicológicos individuales a una escala social. Los involucrados están convencidos de que el pasado ofrece «lecciones», y que solo la verdad, como conocimiento opuesto al olvido, impedirá que las violencias se reproduzcan porque —y esto es un mantra— «un pasado que se olvida está condenado a repetirse». Y si bien el hecho de recordar puede reactivar puntualmente el conflicto, en realidad favorece su apaciguamiento. Se recogen entonces los relatos singulares de las víctimas, y se los pone en valor para convertirlos en patrimonio. Esto sería la «memoria ejemplar» de la que habla el filósofo Tzvetan Todorov (1995): una predilección por los justos, los sabios, o las víctimas capaces de sobreponerse a su propio dolor para ofrecerse a sí mismas como ejemplo.

Desde este punto de vista, las políticas de memoria constituyen uno de los pocos momentos en que las sociedades ponen a prueba, (re-)elaboran conjuntamente, repiten y clarifican los valores que tienen en común. A más largo plazo, estas políticas apuntan a la concordia civil y, por ende, a una paz duradera. Al brindar a los individuos una historia y valores comunes, las políticas de memoria «armonizan mentes y corazones». El discurso del primer ministro francés Manuel Valls durante la inauguración del Memorial del Campo de Rivesaltes, el 16 de octubre de 2015, lo ilustra a la perfección: «Si nos reunimos hoy aquí es para que la memoria del desprecio del ayer nos recuerde nuestros deberes de hoy, e impida que mañana se repitan los horrores [...] Todos estos lugares de memoria son puestos de avanzada para "la reconquista de mentes y corazones"; conquista que debemos acometer en nombre de la República y de todos los que se reconocen en ella [...] Estos lugares de memoria permiten que las escuelas, donde todo se define en primera instancia, dispongan de herramientas sólidas al servicio de la transmisión de valores y de la formación de ciudadanos». Este tipo de discurso está presente en otras instancias del Estado. Por ejemplo, el Consejo Departamental de Isère lleva a cabo «acciones de memoria» que buscan garantizar los derechos humanos por medio de la enseñanza de la historia.[4] Este «lenguaje memorial se aprende a través de instrucciones pedagógicas del Consejo de Europa» (Coquio, 2015). A todos los niveles políticos: desde lo local a lo internacional; entre militantes de base o en el seno de organismos globales; en los medios de comunicación o en el ámbito del cine, la literatura, el turismo,

4 En: https://www.isere.fr/Deliberations/Delibs/2012/D0ITT.pdf [Consultado el 17 de julio de 2017].

la cultura e incluso la publicidad,[5] se asume como natural esta misma convicción.

Los expertos en políticas posconflicto, los políticos, y prácticamente cualquier otro ciudadano, ustedes, lectores, y a veces hasta nosotras, autoras, estamos todos de acuerdo en un punto en concreto: las políticas de memoria deben reescribir la historia con el fin de redistribuir los roles de «buenos y malos». El justo que salvó judíos y que, a ojos de los nazis era —en el mejor de los casos— un desobediente, y en el peor un traidor, hoy recibe una distinción; aquel que era considerado por los representantes del Estado «subversivo», hoy pasa a estimarse como «víctima». Apaciguar sentimientos de injusticia, reafirmar valores y concebir un relato común. Si logran todo esto, entonces estas políticas contribuirán con seguridad a alejar el fantasma de una reactivación del odio, ya sea racista o político. Somos muchos los que compartimos esta convicción.

Distintas encuestas dan cuenta de este consenso: el 90 % de los jóvenes de entre 16 y 29 años interrogados por la Fundación para la Innovación Política —organismo francés de reflexión cercano a la derecha—, piensan que «conocer la historia de la Segunda Guerra Mundial permite evitar que los errores del pasado se repitan». De igual modo, coinciden en la idea de que esto permite «comprender nuestra historia», «honrar la memoria de las víctimas», «aprender a respetar a quienes son diferentes a nosotros» y «ayudar a las víctimas». Entre los encuestados, el 83 % cree necesario preservar los campos de exterminio «para evitar que esto se repita», y el 61 % rechaza la idea de que «frente al pasado cabe pasar página y olvidar». En el marco de importantes investigaciones estadísticas realizadas por sondeo, estadounidenses y canadienses coinciden en este «rol ejemplar y edificante» de

5 Transformando lugares de memoria en decorados para otros fines. Por ejemplo, cuando se organizan sesiones fotográficas para el mundo de la moda en el Memorial del Holocausto de Berlín.

la evocación del pasado en sociedades contemporáneas (Rosenzweig, 2000; Conrad, *et al.*, 2009). Apuntan en la misma dirección toda una serie de encuestas realizadas a visitantes de exposiciones de carácter conmemorativo (Gensburger, 2015; Antichan *et al.*, 2016; y Antichan, Gensburger y Teboul, 2016), u otras realizadas en contextos no relacionados directamente con políticas de memoria (Klein, 2013).

En resumen, todos —casi todos— estamos de acuerdo: el hecho de evocar públicamente violencias colectivas pasadas brinda reparación a individuos y sociedades, debilita las exhortaciones a la discriminación y evita que se repita «lo peor». En cuanto al «cómo», ese es otro tema. Estos pasados violentos se nos presentan como lecciones: sus víctimas, en ocasiones ya reconocidas y, por lo tanto, reparadas y erigidas en «figuras de sabiduría», se nos muestran como ejemplos, apelando a la fuerza emotiva de los dispositivos a los que recurren. Resortes de memoria que emplazan en primer plano a niños inocentes y mujeres humilladas, poniendo en valor sus historias singulares y exponiendo su desesperación y sus lágrimas. Puede, incluso, que se muestren imágenes muy duras, llegando a la brutalidad, cuando los que deciden son los vencedores. En 1945, ciudadanos alemanes vecinos de los campos de exterminio fueron obligados por las tropas aliadas a presenciar el rescate de los supervivientes y el desmantelamiento de las instalaciones —obligados, por ende, «a ver y a saber» (Jaraush, 2006)—. La certidumbre que se tiene sobre al impacto positivo de las lecciones del pasado se ha popularizado desde entonces. Ya no se persigue como objetivo único que los culpables puedan enmendarse: ahora se aplica a todos, y debe tener un efecto preventivo, no solamente curativo. A día de hoy estas memorias se emplazan en toda su crudeza para sacudir la conciencia social. Es el caso de Ruanda, donde existen cementerios abiertos en los que se exhiben osamentas a modo de memorial (Dumas y Korman, 2012). Impactar, conmover… puede parecer un medio eficaz en esta «reconquista de mentes y corazones».

La evocación de las violencias pasadas tiene hoy un carácter más pedagógico. Se evita estigmatizar en exceso a los violentos, ya que también se trata de «reconciliar». Las políticas de memoria se sirven ampliamente de las palabras de las víctimas a solas o —aunque en muchos casos esto sea solo teoría— con sus verdugos. El testimonio ha devenido en un acto social sistemáticamente privilegiado (Wieviorka, 1998): en espacios judiciales o en museos, y también en instituciones de nueva creación. Cerca de cuarenta países han creado comisiones de verdad que ofrecieron la posibilidad de escuchar los relatos de las víctimas y de hablar conjuntamente de la violencia del pasado. Historiadores, eclesiásticos, especialistas del derecho o psicólogos han podido interrogar en ese marco a distintos actores de violencias perpetradas en distintos contextos: movilizaciones por los derechos cívicos de las poblaciones afroamericanas en ciudades estadounidenses, violaciones de los derechos humanos perpetradas bajo el régimen del *apartheid* sudafricano, o en regímenes autoritarios latinoamericanos. Recordar juntos y construir una memoria «compartida» sería una condición previa indispensable para formar ciudadanos tolerantes, y reconstruir, así, la convivencia.

Varias organizaciones internacionales sostienen con firmeza esta convicción. Tras haber recomendado la instauración de una jornada conmemorativa del Holocausto, el Parlamento Europeo hizo hincapié en el vínculo existente entre conmemoración, educación y prevención de la violencia racista:

> Considerando el ascenso del racismo, del antisemitismo y de la xenofobia con el que se ve confrontada la comunidad internacional; teniendo en cuenta que Europa debe dar respuesta clara y firme a estas amenazas; observando que la paz de la que ha disfrutado Europa Occidental desde 1945 solo será duradera si se evita la propagación de los discur-

sos de las ideologías totalitarias y racistas que provocaron el Holocausto de los judíos, el genocidio de los gitanos y los asesinatos masivos de millones de personas, así como el estallido de la Segunda Guerra Mundial; [el Parlamento europeo] pide que se establezca en todos los Estados miembros de la Unión una jornada de conmemoración del Holocausto.[6]

Por otro lado, aunque de la misma manera, alienta a que «se establezcan y refuercen, a escala nacional y comunitaria, políticas activas referentes a la educación y la juventud, haciendo hincapié de forma prioritaria en la lucha contra la intolerancia, el racismo y la xenofobia».[7]

Esta convicción también está presente fuera de Europa. En noviembre de 2005, la Asamblea General de la Organización de las Naciones Unidas adoptó en sesión plenaria una resolución que «insta a los Estados Miembros a que elaboren programas educativos que inculquen a las generaciones futuras las enseñanzas del Holocausto, con el fin de ayudar a prevenir actos de genocidio en el futuro». Desde entonces, incentivó la adopción de otras herramientas que transitaban caminos similares, como las ya evocadas comisiones de verdad, las audiciones públicas de los testigos de violencias pasadas o la difusión de informes relativos a estas violencias, a fin de despertar actitudes de tolerancia.

Las políticas de memoria buscan conmover y que se hable del pasado. Se dirigen en primera instancia —siendo este uno de los hilos conductores de este libro— al individuo: aquel que conoce el pasado se conmueve a través del testimonio de una víctima. En teoría, esta aproximación lo llevará a revisar su propia relación con los hechos y lo debería capacitar para diferenciar a buenos de malos, anticipar los

6 Parlamento europeo, «Resolución sobre una jornada de conmemoración del holocausto», *Diario oficial de las Comunidades Europeas*, C166 - 3 de julio de 1995.

7 «Resolución sobre el racismo, la xenofobia y el antisemitismo», *Diario Oficial de las Comunidades Europeas*, C126 - 22 de mayo de 1995.

efectos que generan las dinámicas de exclusión y elevar su conciencia general. Se presupone, incluso, que será capaz de comprometerse consigo mismo, en caso de que la historia se repitiese, a plantar cara a quienes siembren el odio, comportándose de manera pacífica. Aquello que aprehendió en sus aprendizajes cívicos visitando exposiciones o visionando documentales debe orientar sus comportamientos futuros. O, al menos, eso es lo que se espera. Existen también, desde luego, otras políticas que apelan directamente a lo social. Algunos programas para la construcción de la paz implementados por organizaciones internacionales promueven encuentros entre viejos enemigos —hutus y tutsis; croatas y serbios—, modifican los planes de estudio para que las guarderías y las escuelas sean mixtas, o subvencionan empresas de diversa índole que reman en esta dirección. También hay gobiernos que prohíben evocar la pertenencia étnica, inculcan a su población una versión determinada de la historia —como, por ejemplo, en el caso ruandés a partir de 1994—, u organizan jornadas de convivencia para su población adolescente en el marco de colonias vacacionales. Sin embargo, estos ejercicios de ingeniería social, que tienden a construir grupos que aglomeran facciones hasta hace poco enemigas, no son excesivamente comunes entre las políticas de memoria. Su eficacia, además, es incierta, y presenta el problema de su posible utilización política en el sentido de «cambiarlo todo para que nada cambie», siendo relativamente sencillo vaciarlas de contenido.

Sabemos, entonces, que las políticas de memoria van dirigidas a las personas; a la posibilidad de generar un cambio profundo de actitud en favor de la tolerancia y, al mismo tiempo, producir una transformación que permita la creación de solidaridades sobre el lecho de cenizas de la discordia. Pero en realidad no sabemos bien cómo hacerlo. Invocar a la cohesión social presenta connotaciones poco positivas, aunque fáciles de delimitar. Se puede evocar un genocidio como forma de establecer un dique contra el antisemitismo porque genera cierta vigilancia individual, pero también porque contribuye a debilitar las posiciones de los antisemitas. La historia de la esclavitud de los negros afroamericanos puede ser empleada en la lucha contra los prejuicios raciales.[8] Los que enarbolan la bandera de la intolerancia ayer y hoy son presentados como parte de una misma amenaza. Estas posiciones permiten condenar actos de violencia política expresando un veredicto sobre la historia. Así, el juicio celebrado en 1987 en Francia contra Klaus Barbie, antiguo director de la Gestapo en la región de Lyon durante la Ocupación, inició toda una serie de procesos contra criminales políticos. Estos juicios, llamados «por la memoria», ocupan un lugar preponderante en las instituciones judiciales, desde Latinoamérica a Ruanda, pasando por la Corte Penal Internacional de La Haya. Al igual que otras formas de evocación del pasado, estos forman parte de la lucha contra la impunidad de los responsables políticos y de aquellos que ordenaron reprimir, provocaron una guerra o hicieron posible un genocidio.

En la actualidad, los gobiernos se ven obligados a pronunciar discursos de disculpa, dearrepentimiento, de homenaje a las víctimas, de condena; y a multiplicar iniciativas legales y simbólicas. Tanto más en la medida en que algunas prácticas no han cambiado tanto: las amnistías siguen siendo frecuentes. Cuando lajusticia penal no ha sido contemplada, se buscan otros mecanismos.

Se supone que las políticas de memoria se proponen contribuir a debilitar a los que ayer detentaron una posición de poder, especialmente cuando hoy siguen ostentando dicha fortaleza, bien porque manejan armas o porque todavía están investidos de cierta legitimidad. Buscan disuadir a los

8 De ahí la importancia atribuida por los medios de comunicación, los educadores y los responsables políticos al *Black History Month* o al novísimo Museo Nacional de Historia y Cultura Afroamericana en Washington D. C.

beligerantes y a los que los apoyan, así como a sus supuestos herederos. Por ende, tienen una utilidad política inmediata. Sin embargo, esto no implica moralizar el poder. Las políticas de memoria no son muy distintas de otras políticas, lo cual entraña maniobrar con ficciones y apariencias.

En el caso particular de Francia, tanto a un lado como a otro del espectro político, las lecciones del pasado se presentan como herramientas de lucha contra la implantación y el crecimiento de la extrema derecha que representa el Frente Nacional. En un libro dedicado a la genealogía de la expresión «deber de memoria», Sébastien Ledoux explica que esta comenzó a usarse a raíz de la profanación del cementerio judío de Carpentras, en mayo de 1990, por militantes de la extrema derecha (Ledoux, 2016). Días después de este acontecimiento, y de las numerosas manifestaciones que desencadenó, Lionel Jospin, ministro de Educación por aquel entonces, inauguró en Essonne una exposición sobre las deportaciones, en cuyo acto sostuvo: «Se ha querido herir a la comunidad judía de Francia de la manera más despreciable, vulnerando con ello también a la humanidad». Acto seguido añadió: «Para que la memoria no desaparezca y que los jóvenes tengan puntos de referencia [...] la escuela debe jugar un rol; tiene una misión que cumplir. La educación es, antes que nada, uno de los lugares en que se elabora la memoria colectiva [...]. Es un deber esencial de los centros educativos». Finalmente, concluyó evocando las «tesis llamadas "revisionistas"», que niegan los campos de exterminio, denunciando la «presencia en la universidad de docentes e investigadores cercanos a ideologías de extrema derecha», y haciendo un llamamiento a la comunidad universitaria a «asumir plenamente su deber de vigilancia» (Ledoux, 2016). Serge Klarsfeld, presidente de la Asociación de Hijos e Hijas de Deportados Judíos de Francia afirmó también, el 30 de marzo de 2015, que una victoria de Marine Le Pen en las elecciones de 2017 supondría «la destrucción de la memoria del Holocausto».

En Francia, las políticas de memoria, además de herramientas que gozan de un amplio consenso social en su lucha contra el Frente Nacional son también, y cada vez más, un arma arrojadiza para los partidos políticos en torno a la crisis de identificación nacional por parte de determinados grupos sociales. Aunque, en realidad, cuando se habla en estos términos, suele tenerse en mente a los «jóvenes de los suburbios». Los atentados reivindicados por el Estado Islámico que involucran a jóvenes franceses han renovado, en cierta manera, las expectativas políticas en torno al poder de la memoria. El discurso que pronunció el presidente de la República en noviembre de 2015 con motivo del homenaje nacional a las víctimas de los atentados es un buen ejemplo: «El ataque del 13 de noviembre quedará grabado en la memoria de la juventud como un terrible preámbulo a la dureza del mundo, pero también como una invitación a enfrentarla inventando un nuevo compromiso. Sé que esta generación tomará con vigor el testigo que le estamos transmitiendo».[9] Entendemos, a través de estas palabras, el rol que el Estado y amplios sectores sociales atribuyen a la memoria: el de vector y productor de compromiso ciudadano y de fomento de la tolerancia; un obstáculo a la violencia política. La memoria permite identificar a los buenos ciudadanos, pero también a los que no lo son.

Los instrumentos de las políticas de memoria

«Lo que se olvida está condenado a repetirse». Esta convicción ha dado lugar en Francia a políticas de índole diversa, y en otros países, más recientemente atravesados por violencias políticas, a tribunales o instituciones *ad hoc*. Desde luego, la conmemoración, en especial la construcción de monumentos públicos, no es algo nuevo (Kose-

9 El Presidente Macron se involucró de inmediato y con decisión en las políticas de memoria, reivindicando la herencia del filósofo Paul Ricoeur. Su enfoque de las evocaciones del pasado de Francia fue considerado «equilibrado» por el gobierno.

lleck, 1998). Asociado al homenaje a los caídos —héroes en primera instancia, más tarde soldados anónimos—, el *leitmotiv* «nunca más» comenzó a repetirse con insistencia durante el periodo contemporáneo. Evolucionó en paralelo a la organización política: tras un periodo de monopolio de los «poderes fuertes», concurrieron los «memorialistas» —ex combatientes, poderes locales y/o asociaciones de víctimas— que denunciaban la violencia por parte de los Estados. La construcción de «mitos» dio paso a la difícil regulación de toda una profusión de relatos. Aunque en realidad no hay muchas opciones: puede que el Estado «tartamudee» o se exprese con firmeza, pero en ambos casos está interviniendo.

Por su parte, la institucionalización del hecho de evocar el pasado es muy reciente. En Francia, la creación de un organismo específico para la gestión de las políticas de memoria data de 1999. Hablamos de la Dirección de la Memoria, Patrimonio y Archivos. Quince años después, el término ya se imbrica en un organigrama gubernamental, con la instauración, durante el gobierno de Manuel Valls, de un Secretariado de Estado dependiente del ministro de Defensa, encargado de los antiguos combatientes y de *la memoria*. Aunque esta evolución no atañe en exclusiva al Gobierno central, pues está también presente a niveles más bajos. De hecho, las elecciones municipales de 2014 instauraron, en muchos municipios, diversas «delegaciones de la memoria», ya gobernase la izquierda o la derecha, ya fuesen pueblos pequeños o de tamaño considerable (Gensburger y Saint-Léger, 2017). También se introdujeron, igualmente, en ámbitos de la acción pública tan variados como la educación, la cultura, el turismo e incluso la política urbana (Burston, 2005).[10]

---

10 El informe de Pascal Blanchard, *Histoires, patrimoine et mémoires dans les territoires de la politique de la ville* (París, Ministère de l'Égalité des territoires et du Logement, 2013) ofrece una perspectiva perfecta.

En Francia, la instauración de jornadas nacionales ha devenido en algo común desde el año 2000. Entre 1954 y 1999 —más de cuarenta años—, se incorporó al calendario una sola jornada conmemorativa; entre el año 2000 y el 2013, se añadieron nueve fechas más (Gensburger, 2014).[11]

La visita a museos y a lugares «de memoria» también ha experimentado un aumento considerable. A día de hoy, Francia cuenta con más de mil museos de historia y de lugares nuevos que exaltan la «excelsa memoria nacional», entre los que encontramos dos vinculados con la Primera Guerra Mundial, cinco con la Segunda y dos destinados a las guerras de descolonización. La reciente multiplicación de «altares» de gran envergadura dedicados a la memoria del Holocausto resulta digna de mención. El fenómeno, sin embargo, se extiende a otros periodos, como lo demuestra el apoyo que la Misión del Centenario de la Primera Guerra Mundial ha dado a más de cien exposiciones solo en los años 2014 y 2015. En 2011 se inauguró en Orleans el Museo Memorial de los Niños del Vel d'Hiv dedicado a los campos de la región, y en 2012 se estableció una extensión del Memorial del Holocausto en el antiguo campo de tránsito de Drancy, donde 63 000 de los 76 000 judíos franceses deportados hicieron escala a la espera de su

---

11 Otros países, como por ejemplo Italia, tienen una evolución comparable. De igual modo sucede en España, con sus variaciones regionales: el 14 de junio es el Día de recuerdo y homenaje a las víctimas del golpe militar y la dictadura en Andalucía, mientras que en Cataluña se celebra el día 15 de octubre porque la fecha coincide con el aniversario del fusilamiento deLluís Companys, presidente del Gobierno catalán entre 1934 y 1940, año en que fue torturado y asesinado por las fuerzas del dictador Francisco Franco. En Argentina se estableció, en 2002, el Día nacional de la memoria por la verdad y la justicia el 24 de marzo, en conmemoración del golpe de Estado de 1976. En Colombia se conmemora cada 9 de abril, desde 2011, el Día nacional de la memoria y solidaridad con las víctimas del conflicto armado.

terrible destino. Tras ocho años de gestación, el memorial del campo de Les Milles abrió sus puertas en 2012. Y, por último, ciñéndonos en exclusiva a lugares que estén relacionados con prácticas de reclusión durante la Segunda Guerra Mundial, en octubre de 2015 abrió sus puertas el memorial del campo de Rivesaltes, que se convirtió en un símbolo de la pluralidad de las sociedades contemporáneas al haber servido de prisión tanto a republicanos españoles como a judíos y a harkis.

Jornadas nacionales instauradas en Francia después del año 2000

Año de creación	Jornada escogida	Razón
2000	16 julio	Día de la memoria de los crímenes racistas y antisemitas del Estado Francés y de homenaje a los Justos de Francia
2001	10 mayo	Día nacional de la memoria de la trata, de la esclavitud y sus aboliciones (organizado por el Ministerio de Cultura)
2003	25 septiembre	Día de homenaje a los Harkis y a otros miembros de formaciones auxiliares
2003	5 diciembre	Día nacional en homenaje a los caídos por Francia en la Guerra de Algeria y en los combates en Marruecos y Tunez
2005	8 junio	Día nacional en homenaje a los caídos por Francia en Indochina
2006	18 junio	Día nacional conmemorativo del llamamiento histórico del General De Gaulle a rechazar la derrota y proseguir el combate contra el enemigo
2012	19 marzo	Día nacional en memoria de las víctimas civiles y militares de la Guerra de Argelia y de los combates en Túnez y Marruecos
2012	11 noviembre	Día en conmemoración de todos los muertos por Francia (nuevo apelativo para el tradicional día del armisticio de la Primera Guerra Mundial, con el fin de englobar a todos los muertos, independientemente del conflicto)
2013	27 mayo	Día nacional de la Resistencia

Todas estas instituciones y sus promotores promulgan la idea de que la inmersión en el pasado que les proponen a los visitantes debe, por un lado, alentar una transformación en sus actitudes y comportamientos hacia los valores de igualdad y ciudadanía, y, por otro, pacificar las relaciones sociales. El ya citado discurso de Manuel Valls durante la inauguración de Rivesaltes resulta cuanto menos clarividente en este sentido. Por su parte, el memorial del campo de Les Milles se presenta como un museo de historia y de ciencias del hombre que propone a sus visitantes «entender para actuar», y como un lugar «único en Francia para aprender de nuestro pasado y prevenir los genocidios».

Esta variada oferta museográfica abarca una amplia multiplicidad de prácticas. En el año 2000, el memorial del Holocausto y el Consejo Regional de Île-de-France firmaron un convenio para que los estudiantes de secundaria viajaran a Auschwitz con el propósito de sensibilizarlos sobre la tolerancia y la lucha contra el racismo y el antisemitismo. Entre los años 2000 y 2014, 120 escuelas públicas y privadas de esta región, de un total de 684, organizaron viajes para sus estudiantes de secundaria al tristemente célebre campo de exterminio polaco. Según se espera, la visita a estos lugares debe contribuir a la educación ciudadana de aquellos que están en periodo de formación. En 2016, esta misma institución firmó, en esta ocasión con la Corte de Apelaciones de Lyon, un acuerdo relativo a la implementación de «prácticas de ciudadanía» dirigidas a condenados por prácticas racistas o antisemitas. En este caso, se apostaba porque la confrontación con el pasado sirviese de herramienta transformadora para quienes hubiesen transgredido las reglas de la República. Cabe resaltar, finalmente, que estas prácticas no se circunscriben en exclusiva al territorio francés.

Los «museos de la memoria» se han multiplicado en todo el mundo (Williams, 2007). Tanto es así, que se ha creado una nueva categoría administrativa a nivel internacional: la de *Museos en memoria de víctimas de crímenes públicos*, a la que el Consejo Internacional de Museos —ICOM en sus siglas en inglés— dedica un comité *ad hoc* desde el año 2001.[12] Estos nuevos espacios han contribuido a ampliar la oferta turística de varias ciudades y regiones. A nivel internacional, el «turismo de la memoria» es a día de hoy un activo económico con un *corpus* administrativo propio, consolidado gracias a la reforma de la organización de los territorios, con cada vez más competencias. Tomando a Francia como referencia, en 2010 la red de museos y memoriales de conflictos contaba con 84 miembros adscritos, atrayendo a más de 6 millones de visitantes que generaron cerca de 45 millones de euros en ingresos.

Aunque con variantes, tanto en Francia como en otros lugares esta museografía contemporánea de la memoria comparte características formales: se dirige a los individuos, que, de manera inmersiva, experimentan emociones que los llevan a comprender el itinerario de tal o cual víctima de forma individualizada. En este sentido, fue pionero el Museo Conmemorativo del Holocausto de los Estados Unidos, en Washington, que ya en el año 2001 proponía a sus visitantes *ponerse en la piel* de una «víctima», un «verdugo» o un «testigo» durante el recorrido.

---

12 Muchos «museos de la memoria» fueron creados entre los años 2000 y 2010 en América Latina. En Argentina, el Espacio Memoria y Derechos Humanos, ubicado en la ex Escuela de Mecánica de la Armada, y el Parque de la Memoria en Uruguay; en Paraguay, el Museo de las Memorias, en un antiguo lugar de represión; en Chile, el Museo de la Memoria y los Derechos Humanos, y el Parque por la Paz «Villa Grimaldi», antiguo centro de torturas y desaparición forzada en Bolivia; en Ciudad de México, el Museo de la Memoria y la Tolerancia; en Colombia, el Centro Nacional de la Memoria Histórica, entre otros; en Perú, el polémico Lugar de la Memoria, la Tolerancia y la Inclusión Social, fundado en 2015, etc.

Jornadas nacionales, museos y lugares de la memoria: la convicción de que evocar el pasado nos salva de repetirlo y permite incidir sobre los comportamientos ciudadanos es igualmente inspiradora dentro del ámbito escolar. Los más jóvenes son el blanco perfecto de las políticas de memoria. La Conferencia Permanente de Ministros Europeos de la Educación, en el marco del Consejo de Europa, no se cansa de repetir que la Historia y la memoria son elementos centrales del «desarrollo de la ciudadanía democrática», y que «la enseñanza de la historia en la escuela puede y debe contribuir de manera determinante a la formación general y a la educación del ciudadano» (Gensburger, 2008).

Las alusiones a la memoria se han multiplicado recientemente en Francia. Sin ir más lejos, marcaron con fuerza el año 2015: desde el centenario de la Primera Guerra Mundial hasta los atentados de París, pasando por el setenta aniversario del fin de la Segunda Guerra Mundial o el aniversario del genocidio armenio. Con motivo de un importante congreso dedicado a esta última efeméride, el ministro de Educación, Najat Vallaud-Belkacem, remarcó que la transmisión de la memoria y la de los valores republicanos son indisociables, y que deben ir imperiosamente acompañadas de cierto espíritu crítico:

> Dado que la ciudadanía republicana se funda en el saber y el conocimiento, la escuela desempeña un rol central en esta transmisión. Tiene la capacidad de hacer realidad para sus hijos la promesa de la República de criarse en la igualdad y la tolerancia. La escuela puede contribuir a esparcir las semillas de una memoria compartida. Me gustaría rendir homenaje aquí a todos los profesores de Historia y Geografía que, en Francia, se esmeran en esta tarea día tras día. El genocidio armenio cometido por parte del Imperio otomano forma parte de nuestra memoria, y es estudiado por todos nosotros durante la etapa

> escolar. Es en estos centros donde nos preocupamos por despertar a la ciudadanía y por promover la cultura fundada en el debate de ideas, la lucha contra los prejuicios y cualquier forma de persecución. Aprendemos la tolerancia a través de la controversia y el diálogo, que son la fuente misma del conocimiento y nos ayuda a discernir la manipulación y las falsedades.

Por su parte, David Cameron, primer ministro británico, presentó la conmemoración del centenario de la Primera Guerra Mundial explicando por qué los «niños [del Reino Unido] debían aprender las lecciones de la Primera Guerra Mundial».[13]

En Francia, la gran variedad de periodos a rememorar puede rastrearse en el modo en que el Ministerio de Educación emplea estas herramientas. A día de hoy, la memoria de los traumas del pasado —desde la esclavitud a la Primera Guerra Mundial, pasando por el Holocausto— se ha convertido en materia para la educación ciudadana. El pasado como recurso, utilizado a través de las escuelas para la formación de ciudadanos no solo patriotas, sino también informados y tolerantes, no es algo que se instituyera en la primera década del siglo XXI, sino que se remonta a la inmediata posguerra (Eckmann y Heimberg, 2011; Legris, 2014). La UNESCO se creó en 1945 para desarrollar políticas educativas y culturales que favorecieran la solidaridad intelectual y moral entre los seres humanos. Insiste en la importancia de trabajar sobre y a partir del pasado, con el propósito de combatir el racismo y los prejuicios. Su lema ilustra a la perfección el principio de conquista de los individuos evocado anteriormente: «Construir la paz en la mente de los hombres y las mujeres». Desde hace al-

---

13 David Cameron, «Why our Children must Learn the Lessons of the First World War», Telegraph, 18 de diciembre de 2013. Programas similares han sido adoptados en contextos todavía conflictivos. Así lo muestra, por ejemplo, el «Centro Nacional por la memoria histórica» (Colombia), y el programa «Caja de herramientas. Un viaje por la memoria histórica. Aprender la paz y desaprender la guerra», desde 2015.

gunos años, este recurso a la memoria como herramienta para educar a la ciudadanía se ha institucionalizado y sistematizado. En el año 2012, el Ministerio de Educación creó, para cada academia, un «referente memorial y de ciudadanía» con el fin de movilizar la memoria: «La escuela tiene un rol esencial en la transmisión de la memoria entre los más jóvenes. Asimismo, debe preparar a cada estudiante para su vida como ciudadano, a través de una educación que integre los derechos humanos y de la infancia». En la misma línea, en 2016 los Ministerios de Educación y de Ultramar lanzaron el certamen *La Flamme de l'egalité* [La llama de la Igualdad], que trataba de «dar a conocer la historia de la trata, la esclavitud y su abolición, sus efectos y las pervivencias contemporáneas. Se busca[ba] así fomentar una educación que refuerce los valores republicanos y de ciudadanía, y construir una memoria colectiva en torno a valores compartidos con el fin de favorecer un sentimiento común de pertenencia».[14] Aquí de nuevo, como en el caso de los museos de la memoria, se implementaba una pedagogía centrada en historias individuales ejemplarizantes que pudiesen favorecer que los alumnos se identificaran con ellas (Antichan *et al.*, 2016).

A menudo se incentiva a los docentes para que empleen pedagogías específicas cuando se trata de abordar programas referidos a «pasados dolorosos» y su memoria —proyección de películas, conferencias con testimonios directos, visitas a lugares de memoria...—. Más de la mitad del profesorado de las asignaturas concernientes —Lengua, Historia y Filosofía— lo hace en las escuelas secundarias. Se considera que así se trabaja en favor de una educación ciudadana que, en cierta manera,

---

14 En: www.education.gouv.fr/pid285/bulletin_officiel.html?cid_bo=101533 [consultado el 25 de junio de 2017].

La inspiración en el Concurso Nacional de la Resistencia y de la Deportación es explícita, como recordó el presidente François Hollande en su discurso con motivo de la Jornada Nacional de las Memorias de la trata, la esclavitud y sus aboliciones, el 10 de mayo de 2016.

resulta *preventiva*. Obviamente, esta *historia ciudadana* presenta zonas de sombra: el Holocausto es un tema recurrente, pero no así las violencias cometidas por el Estado francés durante el proceso de descolonización. Tampoco se referencia, por ejemplo, la pasividad de las autoridades francesas ante el genocidio contra la etnia tutsi en Ruanda —aunque la justicia y la historia han comenzado a clarificar recientemente el nivel de implicación de estas con respecto a los criminales—. Ciertamente, los motivos para estos silencios y sus pedagogías, parten de una convicción similar con respecto a los efectos del comportamiento de la memoria.

Fuera de Francia, es posible mencionar otros ejemplos de movilización de la memoria en los centros educativos como manera de transformar la sociedad. En lugares donde ha existido un conflicto violento a nivel interno, las herramientas de memoria permiten que la experiencia educativa suponga una oportunidad para aprender técnicas de resolución de conflictos y de pacificación de la sociedad. Es el caso, por ejemplo, de los programas inspirados en la «teoría del contacto» desarrollados por psicólogos sociales, en los que jóvenes de grupos supuestamente antagonistas —judíos y árabes israelíes; israelíes y palestinos; hindúes y pakistaníes; hutus y tutsis ruandeses; jóvenes estadounidenses provenientes de diferentes grupos étnico-raciales o religiosos— se mezclan, tanto en escuelas locales como en campamentos, para convivir. Este *roce* más o menos prolongado posibilita que unos y otros se asomen a la historia de su *enemigo*, ya sea en las aulas, mientras juegan al fútbol, en los dormitorios o en las sesiones de diálogo montadas *ex profeso* (Lefranc, 2008). Desde los años 60, este tipo de ejercicios se venían desarrollando en campamentos vacacionales entre jóvenes alemanes y franceses, por lo que este es otro ejemplo de que, si bien los mecanismos empleados no son nuevos, sí lo es su generalización (Delori, 2008).

Las instituciones gubernamentales y no gubernamentales que organizan estas acciones lo hacen con la voluntad de contribuir a desarmar los prejuicios entre grupos y a generar amistades duraderas entre los involucrados. La idea es que, después, estos niños y adolescentes trasladen las lecciones que han aprendido a sus padres, amigos y conocidos. Sin embargo, aunque estos testimonios generasen el entusiasmo previsto, no habría que ir muy lejos para descubrir que por desgracia las convicciones individuales o compartidas con unas pocas amistades no tienen, a largo plazo, la fuerza necesaria como para contrarrestar las consecuencias derivadas de olvidos consensuados por parte de algunas autoridades políticas.

Juzgar el pasado en tribunales y comisiones de verdad

A los juicios por crímenes políticos suele atribuírseles un mismo poder pedagógico y edificante. Estos procesos quedan, en ocasiones, al margen de las obligaciones del derecho ordinario: no se aplican límites temporales cuando se trata de crímenes contra la humanidad, por lo que estos no prescriben; las fronteras nacionales se diluyen ante una competencia de carácter universal; las instituciones tradicionales dan paso a tribunales creados *ex profeso*. Ya en 1962, David Ben Gourion, primer ministro israelí, justificaba la organización del juicio a Adolf Eichmann, oficial de las SS encargado de implementar el exterminio judío, en nombre de las lecciones que de él podría extraerse: «Es necesario que nuestra juventud recuerde lo que le sucedió al pueblo judío» (Marrus, 2000; Wieviorka, 2011). Este tipo de lectura suele ser la habitual cuando se trata de crímenes cometidos por los nazis: «Desarrollados como ejercicios de pedagogía colectiva, [buscan] no solo esclarecer los acontecimientos históricos, sino también delimitar, en los hechos, una moral clara y moldear los límites de la memoria colectiva» (Douglas, 2000). Basta con entrar en una de estas salas de audiencias para toparse con gran cantidad de estudiantes acompañados de sus profesores. En 1998, hasta 10 000 estudiantes de secundaria asistieron en Burdeos al juicio a Maurice Papon, gobernador del Departamento de Gironda durante la ocupación alemana; en 2014 en París, numerosos estudiantes de instituto y universitarios presenciaron al juicio contra Pascal Simbikangwa, ciudadano ruandés presuntamente culpable de genocidio. Hubo días, incluso, en que los escolares llegaron a ser mayoría en la sala.[15]

Al establecer una verdad jurídica, estos juicios «por la memoria» podrían dar a cada ciudadano razonablemente atento o concienciado una suerte de «vacuna *antinegacionista*» (Bertrand Poirot-Delpech en Jean y Salas, 2002). También tendrían la capacidad de curar a las víctimas involucradas: «Se le atribuye a la audiencia el poder de dar por concluida la transmisión intergeneracional de un hecho traumático» (Salas, 2002). Podrían incluso «purgar a las naciones» mediante un efecto catártico comparable al que se espera de las comisiones de verdad (*infra* y Osiel, 2006). De este modo, la justicia penal se integra en el conjunto de herramientas educativas y de reforma cívica para actuar como catalizadoras de una cultura global de los derechos humanos a través de la memoria (Levy y Sznaider, 2004).

La escritura de pasados políticos violentos ha sido objeto de atención plena por parte de las organizaciones internacionales. Las comisiones de verdad —que en ocasiones incluyen la coletilla «y de reconciliación», que acentúa el objetivo social que se persigue con la evocación pública de los recuerdos— constituyen el dispositivo central de esta justicia de transición, que se presenta como una forma de ciencia práctica para el restablecimiento de la paz de forma duradera tras un conflicto. Desde los años 80, y especialmente en los 90, la celebración de estas comisiones ha experimentado un enorme crecimiento. Se han creado, así, tras dictaduras, guerras civiles o genocidios, unos 40 organismos cuya función enco-

15 De hecho, una de nosotras asistió al juicio en su integridad con fines de análisis científico. Todos estos procesos suelen ser filmados para luego ser utilizados en las aulas.

mendada por los nuevos gobiernos ha sido la de instaurar «la verdad» en cortos periodos de tiempo, con el propósito de establecer políticas de reparación, tanto financieras como de memoria, para las víctimas. Entre las más conocidas están las de Chile, Guatemala, Sierra Leona, Sudáfrica, Timor Oriental, El Salvador, Perú o Marruecos. Las funciones de algunas fueron incluso más amplias, como la *Truth and Reconciliation Commission* [Comisión de la Reconciliación y la Verdad] sudafricana, que se encargó de amnistiar a criminales políticos que accedían a confesar sus actos. En la actualidad, el procedimiento que deben seguir las comisiones de verdad se asienta sobre directrices de la ONU, consagradas como modelo en Europa a través de la resolución de 2008 en la Asamblea Parlamentaria del Consejo de Europa. También ha llegado hasta el sur de los Estados Unidos, donde en la ciudad de Greensboro diversas asociaciones han logrado abrir por esta vía un debate, vetado en el espacio estrictamente judicial, sobre los asesinatos, en 1979, de militantes por los derechos civiles a manos de miembros del Ku Klux Klan y del partido nazi estadounidense (Ghoshal, 2015; Androff, 2012).

En un contexto en que las acciones penales contra los que cometen actos violentos son pocas y las amnistías muchas, estas comisiones podrían favorecer acuerdos entre antiguos enemigos y, a la vez, conseguir un reconocimiento para los damnificados. La consideración hacia ellas hace que se las estime como instituciones *indulgentes* y cálidas para las víctimas traumatizadas, pues son capaces de hacerlas dialogar con sus verdugos, o incluso de inducirlas al perdón. El filósofo Paul Ricoeur (2000) dijo al respecto: «La incógnita de un perdón a través de un ejercicio público de reconciliación». Las audiencias públicas de las víctimas son el corazón de estas comisiones. En calidad de testigos, relatan la violencia que padecieron o el sufrimiento derivado de la pérdida de un ser querido. Sus recuerdos alimentan, además de los trabajos de los historiadores, los informes elaborados por las propias comisiones. Ampliamente mediatizadas, promueven la manifestación pública de las emociones —una llegó incluso a ser apodada «el tribunal de las lágrimas» [Lefranc, 2014]— y se espera de ellas que «sanen» a las víctimas y contribuyan a la refundación de «naciones en duelo». Partiendo de un trabajo de y sobre la memoria, «se trata de pensar los modos de transformación global de una sociedad traumatizada y, de ese modo, revelar las bases de un nuevo contrato social» (Andreu, 202) o de «nuevos mitos nacionales» (Hazan, 2007).

Ya sea en el museo, en la escuela, en las comisiones de verdad o en los tribunales, el recurso a la memoria presenta características transversales. En primer lugar, estas herramientas se dirigen a individuos concretos, no a grupos de pertenencia; se trata de este modo de apelar a sus corazones, su capacidad de razonar y sus conciencias personales. En segundo lugar, la posibilidad de establecer un compromiso emocional con los individuos se percibe como una manera eficaz de que estas políticas lleguen a buen puerto. Así, el ciudadano conmovido estaría más predispuesto a extraer lecciones del pasado, y a movilizar esta carga afectiva en un contexto. Finalmente, los relatos propuestos a través de estas políticas deben centrarse en historias individuales, lo cual, se supone, permite que los ciudadanos se identifiquen con los «héroes de la memoria», los «salvadores» y los «justos», y condenen a los culpables. Esta afinidad generada debería hacer más eficaces este tipo de acciones.

En definitiva, transmitido en un modo personal y emocional, el pasado puede servir de ejemplo para el comportamiento individual en el presente.

«Nunca Más»: sobre la eficacia de las políticas de memoria

Tanto en Francia como en otras partes del mundo, el recurso de la memoria —emotiva y encarnada— se generalizó durante la primera década del siglo XXI. Se consagró de manera definitiva como un medio para luchar contra la intolerancia y, a su vez, fundar una ciudadanía responsable. Ahora bien, estas políticas para difundir la memoria, ¿han alcanzado sus objetivos?

No tratamos de decir que la gente de a pie no tenga «memoria histórica». Sondeos e investigaciones de carácter cuantitativo indican lo contrario. La mayor parte de la población referencia acontecimientos históricos: en primer lugar, las dos guerras mundiales; a continuación, de manera descendente, la caída del Muro de Berlín, los atentados del 11S, el Frente Popular —Francia—, la construcción del Muro de Berlín, la primera crisis del petróleo, el proceso de descolonización, el Mayo del 68, la aparición del euro...

Tampoco se trata de negar la fuerza social que estas evocaciones del pasado puedan tener. El hecho de rememorar una guerra o de enunciar la necesidad de no olvidar suele provocar preocupación, en forma de empatía, por ajustarse a lo que el interlocutor está expresando. Si bien es imposible determinar si esta es sincera o no, puede ser una manera de buscar aceptación o de sentirse *parte de algo*.

No obstante, nada indica que esta alusión al pasado pueda marcar de manera irreversible a un individuo como para que determine su conducta en el futuro. La conciencia de un pasado doloroso o de crisis históricas no tiene necesariamente el impacto que se le quiere otorgar. Al menos *directamente*.

Las políticas de memoria no han terminado con la intolerancia

Las políticas de memoria «negativas» (Wahnich, 2011), es decir, aquellas que critican los excesos violentos del Estado, se han considerado a menudo como el reverso de la propaganda de odio de los regímenes autoritarios. En este sentido, la capacidad de estos últimos para despertar el odio debería avalar la capacidad de las primeras para restaurar la tolerancia. Sin embargo, nada nos permite deducir que exista una correlación entre los dos extremos.

En primer lugar, porque la exclusión de un grupo étnico o religioso, por ejemplo, es solo uno de los ingredientes que permite su exterminio. Para que el «brazo armado» del Estado mate son necesarias otras condiciones. Los ejecutores, ya sean militares, reservistas o simples campesinos, no lo hacen movidos de manera necesaria por la animadversión hacia las víctimas. No es el odio, por tanto, ni el elemento prioritario, ni mucho menos el exclusivo. Por otro lado, la fuerza de convencimiento asociada a las propagandas genocidas radica en gran parte en la capacidad de los Estados para persuadir, aterrorizar y manipular la indiferencia en un contexto político, económico y social muy concreto. Más que el contenido de la propaganda, es el poder del que es expresión, y los ecos que suscita en los grupos sociales de referencia, lo que genera impacto y movilización. Por ello, las políticas de memoria basadas en la culpa y la estigmatización de grupos sociales como chivos expiatorios no son las dos caras de una misma moneda.

A su vez, las políticas de memoria implementadas por gobiernos con fines de restaurar o preservar la paz social, han sido también teorizadas desde otros supuestos antagonismos: evitar evocar el pasado —«dejemos el pasado atrás»— y prohibirlo, es decir, implementar «políticas del olvido» (Loraux, 1997). A escala individual o familiar, los silencios, secretos o negaciones generarían culpabilidad, resentimiento e incluso la repetición de actos violentos. Elevándolo a escala social, esta constatación psicológica garantizaría a las políticas de memoria una eficacia mínima basada en el no callar, en evitar la violencia forjada en el silencio y en defendernos de *lo peor*. Pero el peligro de la represión, aunque solo sea a nivel estrictamente individual, no es sistemático: lo que para un individuo o un grupo reducido resulta válido, rara vez lo es para grandes colectivos. En primer lugar, la mera idea de un secreto *necesariamente* nocivo para las personas es discutible: se sabe que la resiliencia, la capacidad que tienen los individuos para recuperarse tras un acontecimiento traumático, no siempre implica hablar mucho al respecto (Cyrulnik, 2002), y puede parecer un «rechazo a testimoniar» (Klüger, 1997). En segundo lugar, la hipótesis de que «el que olvida, repite» es más un argumento político que una evidencia psicológica. El sociólogo Ian Hacking demostró que la idea de que un niño maltratado se convierte necesariamente en un maltratador comenzó a emplearse no desde un sustento de evidencias, sino como manera de estigmatizar y asustar y fortalecer así la lucha contra el maltrato infantil (Hacking, 1991; Rechtman, 2013). Los secretos de familia como elementos perjudiciales, así como la inevitabilidad del trauma o el peligro del olvido son cuestiones que la psicología todavía debe respaldar, de manera especial cuando elevamos el foco del análisis a nivel social. Por último, un Estado no tiene la capacidad que puede tener un individuo o un núcleo familiar para *silenciarse a sí mismo*, o, al contrario, para *obligarse a hablar*.

Jon Elster y Maurice Halbwachs ya hablaron de esto. El primero subrayó el hecho de que no es posible ordenarle a nadie que olvide. Se le puede obligar a que deje de hablar, a que se reprima; pero es imposible que borre de su memoria toda representación de un pasado (Elster, 1986). El verdadero olvido, como el hecho de «ser natural», es un estado al que resulta imposible acceder por mera voluntad o de manera inducida. «Se puede lograr que alguien olvide algo, pero la peor manera de hacerlo sería mediante una orden. Esta, en todo caso, provocaría más bien el efecto contrario» (Elster, 1986). Por su parte, Maurice Halbwachs, sociólogo de la memoria, argumenta que los grupos sociales, y no las naciones o instituciones, mantienen los recuerdos u olvidan a través de la evocación o la elisión reiterada de personas o acontecimientos. Que son las interacciones sociales cotidianas las que forjan la memoria colectiva. Y si toda forma de autoridad gubernamental ya es ineficaz en este sentido, aún lo son más nuestros gobiernos contemporáneos —acusados de charlatanería por las agrupaciones de víctimas e historiadores—, que nunca antes han estado tan en la picota como desde el momento en que la memoria se convirtió en reliquia. Incluso los Estados que en algún momento pretendieron prescribir identidades nacionales —en épocas de «políticas positivas», como evoca con nostalgia Pierre Nora—, no lograron imponer el olvido: sus leyes de amnistía, cuando *prohibían* recordar las disputas del pasado, no lograban acallar a una mayoría: solo servían para vetar el uso político de dichas discordias. Finalmente, estas políticas de memoria no son incompatibles con formas de negación; suelen, incluso, ir de la mano. Y es que cualquier política pública propone un marco interpretativo, y recordar el sufrimiento padecido por una minoría puede significar silenciar el de otras minorías o mayorías.

Es por ello que resulta difícil valorar las políticas de memoria en base a lo que no son, lo que reemplazan o lo que combaten. ¿Cómo es posible entonces evaluar su capacidad para favorecer la tolerancia y el desvanecimiento de traumas? Más que muchas otras, la memoria del Holocausto suele ser sistemáticamente presentada como un medio para la lucha contra el odio, el racismo y el antisemitismo. Ahora bien, si de lo que se trata es de evitar cualquier repetición de las violencias pasadas a través de rememoraciones y de protección a las víctimas, lo cierto es que no podemos más que constatar un relativo fracaso. El desarrollo de este tipo de políticas no necesariamente supone el advenimiento de sociedades más pacíficas y tolerantes.

Como hemos visto, la memoria es percibida como una herramienta en la «educación para la ciudadanía» de los más jóvenes. Sin embargo, la participación en altercados violentos por parte de ciertos adolescentes parece ir en aumento (Zauberman *et al.*, 2013). Y no es algo exclusivo de Francia. Por ejemplo, la asociación de origen americano *Seeds of pea-*

ce [Semillas de paz] organizó sesiones de coexistencia entre jóvenes israelíes y palestinos para que superaran sus diferencias, y ello no implica que ninguno de los dos bandos esté dispuesto a hacer las paces —de hecho, cada vez lo parece menos—. Cuando los adolescentes regresan a las zonas de conflicto, puede que mantengan, o no, sus amistades; pero desde luego, su enfrentamiento responde a un contexto político, económico y social que les impide hacer de estos vínculos privados el germen de una futura paz entre Estados.

El número de incidentes de carácter antisemita contra los cuales las políticas de memoria pretenden luchar no da lugar al entusiasmo. En 1999 Francia contabilizó 82 de estos sucesos; en 2013 fueron 105, y 241 en 2014, habiendo alcanzado el pico de 614 en el año 2012. Esta observación es igualmente válida para el caso de la influencia del racismo o la intolerancia, aunque en estos casos sí se observa cierta evolución en positivo. Compañeros como Vincent Tiberj han elaborado un «índice longitudinal de la tolerancia» que busca expresar a largo plazo y de manera sintética la evolución de los prejuicios hacia las minorías francesas.[16] Este índice tiende a bajar desde los años 2000; año que marca cierta intensificación en la aplicación de políticas de memoria. Y aunque la tolerancia tendió a progresar de manera regular entre 1990 y mediados de la década de los 2000, este indicador fue de 58,2 en 2005 a 55,8 en 2014.

Es probable que evocar el Holocausto haya sido efectivo en cuestiones relacionadas con el antisemitismo. En 2014, el índice de tolerancia hacia los judíos era de un 79,5 %, de un 73,6 % hacia los negros, de un 62,16 % hacía los magrebíes, de un 53% hacia los musulmanes y de un 28,5 % hacia los gitanos. Si bien los judíos todavía forman un «grupo aparte» a ojos de un 28 % de los encuestados, la proporción es muy inferior a la observada para el caso de otros grupos, tales

16 Comisión nacional consultiva de los Derechos Humanos, *La lucha contra el racismo, el antisemitismo y la xenofobia*. Año 2014. París, La documentation française, 2015.

como los musulmanes —48 %— y los gitanos —82 %—. Por lo demás, los autores señalan la fuerza de «antiguos estereotipos» con respecto a supuestos privilegios, alimentados a base de una presunta «doble lealtad» hacia Israel y hacia Francia. Finalmente, resaltan un efecto perverso derivado de las medidas de protección tomadas, especialmente, tras los atentados terroristas. Esta intolerancia residual hacia los judíos forma parte de disposiciones más genéricas que varían según las características sociales. El antisemitismo es más acusado entre los ancianos, en personas con baja formación, en gente con menos recursos y entre aquellos con cierto sentimiento de que su situación económica se está degradando. Aumenta entre sectores católicos y de derecha: un 58 % entre los cercanos al Frente Nacional, y un 37 % entre los seguidores del UMP [*Union pour un Mouvement Populaire*] —hoy en día LR [*Les Republicains*]—.[17] Las variaciones en estos índices, su sensibilidad ante los atributos sociales de las personas o la coyuntura política demuestran que no existe una relación directa entre la aplicación de políticas de memoria y las actitudes de tolerancia. Por último, si lo que se espera de este tipo de políticas es que seamos menos propensos a emplear la violencia con los demás, no podemos más que sentarnos a esperar el desengaño. De hecho, las manifestaciones de intolerancia, violencia y racismo han aumentado, tanto en cantidad como en intensidad. Más allá de los actos terroristas, que se han multiplicado desde 2015 tanto en Francia como en otros países en los que se aplica un «activismo memorialista» (Rousso, 2016), los episodios racistas y antisemitas —cuya medición, en palabras de Ghiles-Meilhac, es «tremendamente compleja»— se han incrementado de manera exponencial. Si mantener la memoria violenta del pasado debe, según coinciden políticos y expertos, reforzar la tolerancia y el rechazo a la discrimi-

17 Partido político francés de centroderecha, resultado de la refundación en 2015 del UMP, de Jacques Chirac, por parte de Nicolás Sarkozy.

nación, así como fomentar comportamientos de acuerdo a estos valores, los efectos son, desde luego, limitados. O al menos, las normas que tratan de apuntalar la tolerancia no resultan vinculantes para todos.

En Francia, el «deber de memoria», expresión recurrente en la aplicación de este tipo de políticas, ha sido para los partidos políticos republicanos una herramienta en la lucha contra el avance electoral del FN (Ledoux, 2016). Y ha sido en vano. Su fuerte arraigo en el paisaje político galo resulta, desde esa perspectiva, un rechazo irónico hacia las políticas de memoria. Lejos de debilitarse, desde principios de los años 2000 el FN no ha parado de ganar adeptos entre los electores franceses. En el 2012, tras diez años de políticas activas en materia de memoria al servicio de la lucha contra el FN, dos diputados de esta formación se sentaron en el Congreso por primera vez desde la instauración del sistema de doble vuelta. Por su parte, desde la llegada de Jean-Marie Le Pen a la segunda vuelta de las elecciones, el voto a favor del FN no ha dejado nunca de aumentar. En 2017, su hija, Marine Le Pen, accedió de nuevo a esta segunda vuelta con un porcentaje récord de votos. Durante 10 años, la multiplicación de políticas de memoria discurrió en paralelo al aumento de los votantes de este partido de extrema derecha.

Desde luego, esta observación no implica ninguna correlación en absoluto. No se trata de reducir el asunto a una cuestión memorial, ni de insinuar que las políticas de memoria hayan podido favorecer al FN, o de quitar peso al desafío que plantea su ascenso. Las demás formaciones políticas eligieron representar a este inquietante competidor como la encarnación de las ideas racistas, e incluso como los herederos de las violencias de la Segunda Guerra Mundial. Se podría haber hecho otras lecturas, aunque probablemente resulte más sencillo combatir un receptáculo de odio que una encarnación del fracaso de las políticas sociales, o un partido de posicionamientos ambiguos.

Si bien no existe correlación entre el auge de las políticas de memoria y el ascenso del FN, sí hay una simultaneidad: el desarrollo de estas políticas, sus herramientas y los lugares donde se han implementado no han impedido la escalada del partido de extrema derecha. Lo cual, nos invita a plantearnos una duda que raras veces se formula: ¿generan las políticas de memoria los efectos que se espera de ellas?

Resultados electorales del Frente Nacional entre 1998 y 2017

Año	Porcentaje de votos emitidos	Número de votos (en millones)
	Elecciones regionales (primera vuelta)	
1998	14,94%	3,27
2015	27,73%	6,82
	Elecciones cantonales y departamentales (primera vuelta)	
1998	13,58%	
2015	25,24%	5,14
	Elecciones presidenciales (primera vuelta)	
2002	16,86%	4,82
2012	17,90%	6,42
2017	21,53%	7,64

(Re)plantear la cuestión de los efectos de las políticas de memoria

No es posible eludir el tema de la eficacia de las políticas de memoria, ya expresada, en tanto inquietud como indignación, por parte de diversos observadores. Investigadores y periodistas ya han dado cuenta de ciertas dudas sobre la validez de un sistemático voluntarismo conmemorativo. Los recelos responden principalmente a dos cuestiones. Por un lado, algunos temen que de tanto repetir los mismos preceptos —la predicación constante del «deber de memoria», del que tanto hablase Catherine Coquio—, estos dejen de ser audibles salvo para una pequeña minoría elitista de interesados en la cuestión. A saber: víctimas militantes, académicos y estudiantes o humanistas activistas y sus interlocutores administrativos, convertidos en *profesionales* de la memoria. Así, estas políticas habrían generado fuertes normas morales, únicamente válidas dentro de círculos reducidos. Por otro lado, otros observadores denuncian la instrumentalización de los rituales cívicos en torno a la memoria con fines ideológicos, normalmente identitarios o nacionalistas, que llevarían a cabo políticos de todas las tendencias (Offenstadt, 2009) —algo que, para nosotras, autoras de este libro; politólogas familiarizadas con la utilización política de pequeñas y grandes causas, tiene un enorme sentido—. No obstante, esta denuncia no entiende como únicos culpables a la clase política, sino que puede hacerse extensible de igual modo a víctimas de violencias políticas y sus descendientes, o a responsables de asociaciones que representan —o pretenden representar— a estas víctimas, pudiendo ser percibidos como individuos o entidades ávidas de reparaciones o de beneficios simbólicos, en constante competencia unos con otros. Entre las expresiones a este respecto que académicos y escritores han utilizado, podemos encontrar la de «industria del Holocausto», denunciando la utilización mercantil de su memoria (Finkelstein, 2001; Reich, 2014); la «competencia» entre «empresarios de la memoria» (Chaumont, 1991), o la supuesta propensión de estos últimos a respaldar reivindicaciones de carácter «identitario», e incluso «sectario», que pondrían en peligro la cohesión nacional (Nora, 1997b; Michel, 2010). Según estos análisis, las políticas de memoria estarían más bien contribuyendo a prolongar los odios pretéritos, cuando en realidad deberían permitir sobreponerse a ellos (Todorov, 1993 y 1995). A veces, estas inquietudes señalan al «vínculo social» en sí, al que ven amenazado por un clima de «victimismo» (Garapon, 2002), por el debilitamiento de todo punto de referencia común y una crisis en la transmisión

(Traverso, 2005); por una «trivialización de lo político» (Stora, 2007); e incluso por una «ruptura antropológica» que contribuiría a poner en jaque el estatuto de verdad (Coquio, 2015).

A pesar de su diversidad, estas consideraciones sobre los efectos de las políticas de memoria comparten parte de sus encuentros. Además, también están atravesadas por consideraciones de tipo normativo —por otro lado, plenamente legítimas—: desde la desilusión hacia estas políticas hasta la indignación con los responsables de implementarlas por el hecho de no hacerlo de manera adecuada. Lo que aquí pretendemos es plantear la cuestión de los efectos de estas políticas desde una perspectiva distinta, a fin de simplificarla. Las ciencias sociales nos permiten examinar de manera crítica si estas políticas de memoria pueden tener efectos de *formación cívica* o de *reconversión* cuando se aplican sobre individuos involucrados en conflictos de carácter violento.

¿Cómo delimitar los efectos de estas políticas? Esta pregunta se hace eco de reflexiones actuales más generales sobre las dificultades para evaluar, en términos de *efectos* y *recepción,* cualquier política pública (Spire, 2016; Revillard, 2017). Las relacionadas con la memoria tienen, eso sí, una particularidad: están destinadas, al menos en teoría, a todos, y no solamente a un grupo específico del cual podrían fijarse sus límites a fin de analizar el impacto generado. Además, movilizan instrumentos simbólicos, inmateriales y escasamente técnicos de acción pública, cuyo análisis resulta aún más complejo. En la era del *big data,* resulta difícil obviar que ningún estudio cuantitativo es capaz de establecer de manera convincente una relación causal entre los recursos públicos asignados a la memoria —financieros, humanos—, y el repliegue de los discursos de intolerancia, así como la prevención en la repetición de violencias pasadas. La tentación de establecer sistemas cuantitativos sistemáticos para los efectos de estas políticas, siempre desemboca en la misma conclusión: la dificultad para abordar este asunto. En el marco de la reorganización de los presupuestos del Estado francés desde 2006 (Bezes y Siné, 2011), que exige identificar objetivos y elaborar indicadores fidedignos para las distintas partidas, las políticas de memoria siempre son juzgadas como uno de los pocos ámbitos en el que los logros se consideran difíciles, cuando no imposibles de calcular. Si la disminución de la intolerancia es, aunque cueste afirmarlo, un índice claro del éxito de estas políticas, su eficacia no está clara. Y si nos acercamos a los receptores de estas políticas, su relativa ineficacia queda aún más demostrada.

En Bélgica se organizó una exposición con motivo del centenario de la Primera Guerra Mundial, en la que se buscaba promover las relaciones pacíficas entre los distintos países del Viejo Continente. Se pidió a los visitantes, tanto antes de entrar como a la salida, que expresasen sus opiniones sobre ciertas cuestiones, tradicionalmente utilizadas para cuantificar el sentimiento pacifista desde un punto de vista de la psicología social. Los resultados evidenciaron, una vez efectuada la visita, una adhesión escasa a los *valores de la paz*, así como un incremento de los estereotipos nacionalistas. Los investigadores que realizaron este estudio partieron de la hipótesis que, de acuerdo con el proceder actual en estas cuestiones, exponía a *emociones brutas*, por un lado, y a figuras de víctimas, por otro. Sin embargo, la reacción que estos dos materiales provocaron en los visitantes fue un deseo de venganza hacia el otro, en vez del pacifismo deseado (Bouchat, *et al.*, 2017). De igual modo, en el ámbito escolar, y esta vez en Alemania y a partir de materiales cualitativos, se constató en un estudio que, en algunos alumnos en ciertas situaciones, la transmisión de la historia del nazismo podía dar pie en la hora del recreo a bromas antijudías, lejos de las expectativas de prevención unívoca del antisemitismo. Sin que esto signifique, claro, que los estudiantes que realizan este tipo de bromas odien a los judíos (Oeser, 2010): una broma puede ser solo una broma.

Finalmente, en la intersección entre escuela y museo, las visitas que realizan jóvenes estudiantes israelíes al campo de Auschwitz-Birkenau no conducen al diálogo, en este caso entre israelíes o polacos, o entre judíos y no judíos. Al contrario, este tipo de actividades pueden dar pie al desarrollo de ideas chovinistas y de voluntad de aislamiento entre los adolescentes israelíes —al menos entre algunos de ellos—, al volver de allí con la sensación de que resulta imposible establecer un diálogo y un intercambio con los polacos o con el resto del mundo (Feldman, 2010). En este caso concreto, en vez de favorecerse, tal y como se esperaba, la tolerancia a través de la memoria, se advierte el refuerzo de una forma excluyente de relacionarse con *el otro* y con el mundo.

A la salida de una visita a una exposición sobre los niños judíos parisinos durante la Ocupación, y tras expresarse de manera explícita al inicio de esta que su principal objetivo era el de dar vida al «deber de memoria» y luchar contra el odio y la intolerancia, algunos visitantes expresaron, por iniciativa propia, estereotipos étnicos profundamente discriminatorios. Por ejemplo, una de las visitantes reprochó de manera extensa la ausencia entre el público asistente de «visitantes de color» o de «origen inmigrante», interpretándolo como una señal de que no se adhieren con convicción a los valores de la República y de que no son «verdaderamente franceses». «No tenemos la misma historia [...] No tenemos los mismos valores» (Gensburger, 2015). Y aquí, el círculo se cierra. La práctica memorial no se percibe ya como un vector, sino como el indicio de una distinción de valores. Cierra al grupo que se supone que debe abrir. Este tipo de declaraciones estigmatizantes, que se oponen diametralmente al objetivo perseguido, pueden encontrarse entre los visitantes de otras muestras de carácter histórico, en este caso relativas a la evocación de la Primera Guerra Mundial (Anticha, *et al.*, 2016). La expresión de una forma de racismo se basa, en este caso, en el supuesto desinterés de las poblaciones discriminadas por lo sucedido en esta contienda. En cierta manera, y reflejando las expectativas formuladas en torno a la memoria, se inhabilitaría aquí en su condición de ciudadanos a aquellos que no muestran interés por las conmemoraciones.

No hacen falta muchos esfuerzos para segmentar a la población en grupos y, en consecuencia, hacer distinciones entre un «ellos» y un «nosotros». Los psicólogos sociales lo han demostrado al fomentar solidaridades a partir de la nada —por ejemplo, entre equipos de fútbol que se han vuelto rivales, llegando a las hostilidades, sobre un supuesto totalmente aleatorio (Sherif *et al.*, 1961)—. Aquello que se ha concebido como un medio para la apertura de identidades cerradas puede devenir fácilmente, en base a esta lógica, en fortalecedor de otras identidades. Lo que debería abrir, cierra. Las políticas de memoria, por tanto, diferencian en estos casos entre «expertos» e «ignorantes», y esta brecha social y cultural puede hacerse eco de las distintas identidades étnicas, y reforzar dinámicas de exclusión que supuestamente deben combatir. Tratemos por tanto de comprender por qué estas medidas no logran cumplir su objetivo, si es que no generan el efecto contrario al esperado. Responder a esta pregunta supone alejarse del enfoque primario —e insustancial— del *impacto*, con el fin de identificar los mecanismos diferenciados de la recepción de estas políticas. Se trata de observar si, en casos en los que los individuos interactúan con los mecanismos dispuestos para estos fines, realmente acaban asumiendo los actos y las interpretaciones que se les proponen.

II

Lo que las políticas de memoria hacen a las personas

La idea de que las religiones estimulan
las emociones no es muy convincente.
¿Nunca se quedaron dormidos en misa?

Douglas, 1999

Querer comprender la ineficacia aparente de las políticas de memoria nos obliga a detenernos, en primera instancia, en el modo en que operan. Dado que no arrojan los resultados que de ellas se espera, cabe prestar atención a lo que sí hacen y a cómo funcionan, más allá de las críticas sobre su fundamento moral o su politización. Lo que sucede cuando unos estudiantes asisten a una conmemoración, unos ciudadanos visitan un memorial, unas víctimas ofrecen su testimonio en una comisión de verdad, o cuando se juzga a criminales en juicios por la memoria, no es algo que haya despertado gran curiosidad entre políticos, militantes de asociaciones o investigadores. No obstante, existen trabajos sociológicos que permiten entender el impacto de estas políticas sobre las sociedades contemporáneas. Si posamos nuestra mirada, ya sea sobre los museos, los colegios, las comisiones de verdad o los tribunales, podemos hacer dos observaciones generales.

En primer lugar, las políticas de memoria se dirigen de manera mayoritaria a un público abstracto. En lugar de orientarse de manera específica hacia grupos percibidos como *odiosos* o indiferentes, frecuentemente se enfocan a un ciudadano universal, moralmente ambivalente —bueno y malo al mismo tiempo—, y que supuestamente es susceptible de ser influenciado por estas políticas. Esta concepción contradice al conocimiento acumulado de los sociólogos: el público involucrado está lejos de este perfil imaginado y en gran parte imaginario. Ciertamente, todos en algún momento nos exponemos a evocaciones fugaces de pasados violentos, de las cuales sería maravilloso poder extraer lecciones útiles. Hablamos de las conmemoraciones portadoras de relatos destinadas a un público extenso —y por ello mismo, llamadas «nacionales»—. Sin embargo, los pocos estudios en ciencias sociales de los que disponemos demuestran que, en Francia, por ejemplo, estas evocaciones alcanzan principalmente a dos grupos en concreto: por un lado, a los estudiantes, público «cautivo»; por otro lado, a jubilados y profesionales del sector, los cuales constituyen un público *fiel* y ampliamente «experto» (Davallon, 2000; Eidelmann y Raguet-Candito, 2002). Incluso las formas supuestamente más atractivas no consiguen captar a un público numeroso. Si bien el Memorial de Caen, en Normandía, es el primer —y único— memorial entre los cincuenta museos más visitados en Francia, lo cierto es que contabiliza menos de 400 000 visitantes por año. O lo que es lo mismo: apenas un 5 % de las entradas que vende anualmente el Louvre. En otros lugares cuyo contexto es el de una guerra reciente, las políticas de memoria están al servicio de la pacificación social, y el público objetivo al que se dirigen es la «gente común», tal y como lo denominan las organizaciones no gubernamentales (Lefranc, 2006a y 2008). Sin embargo, también en estos casos los *usuarios* distan de ser ciudadanos corrientes, ya que suelen provenir de grupos específicos, que, a menudo, forman parte de los mismos círculos profesionales en los que se mueven quienes implementan estas medidas. Si miramos esta situación con herramientas de sociólogo, las *lecciones sobre el pasa-*

do suelen ser mucho más locales de lo que podría parecer a simple vista.

La segunda observación es que estas lecciones, más que producir herramientas para el futuro, lo que generan son interacciones en el presente. De esta manera, se produce una apropiación a través de estas interacciones sociales, que van del rechazo a la adhesión, pasando por el reconocimiento o la interpretación. Se trata de estar «frente al pasado» (Rousso, 2016), pero tanto los promotores como destinatarios de estas políticas las experimentan a través de artefactos concretos —manuales escolares, exposiciones, memoriales— y de intercambios —entre docentes y alumnos, entre testigos, entre víctimas y jueces...—, que cobran sentido en el momento, el contexto y el espacio social donde se desarrollan (Lahire, 1996; Brayard, 2011). De ese modo, las políticas de memoria no resuelven conflictos pretéritos ni establecen los que serán los comportamientos futuros. De manera natural, el *mensaje memorial* tiende a desviarse, porque se encuentra inmerso en el tejido de relaciones sociales que le garantizan un sentido hoy, como cualquier otro proceso social.

Memorias en la escuela: el «bullicio social» inunda las aulas

El rol que se asignaba a la escuela en lo relativo a construir y transmitir las identidades nacionales en el siglo XIX y la primera mitad del XX es bien conocido. Ya en aquel entonces, el contexto era importante. Trabajos como los de Jean-François Chanet sobre las «pequeñas patrias» —o lo que es lo mismo: las identidades locales—, muestran cómo las diversas formas de apropiación del mensaje patriótico divulgado en las escuelas opera siempre a través de este marco local, también en un sentido social y religioso (Chanet, 1996). Es probable que ocurra lo mismo en lo que respecta a la enseñanza sobre pasados violentos, a la que, como vimos, se le atribuye una función cívica. En algunos trabajos (de Cock y Heimberg, 2014; INRP, 2003; Brown, 2014) ya se referencian reacciones negativas —en especial dirigidas al *aprendizaje* del Holocausto— por parte de jóvenes musulmanes de zonas de extrarradio, cuando se los incita a evocar este pasado bajo el prisma de los *desafíos del presente*, entre ellos, el conflicto palestino-israelí (Brenner, 2015). Sin embargo, varios estudios sugieren que, a nivel global, este tipo de incidentes son limitados, tanto en Francia como en otros países, como por ejemplo Suiza, Bélgica o Suecia (Bonafoux, de Cock-Pierrepont y Falaize, 2007; Granjean, 2016; Eckmann y Heimberg, 2011).[18] No se trata de dar la razón a tal o cual conclusión por encima de otra, o de validar o condenar los posibles rechazos que pueda generar una enseñanza de la historia que alecciona sobre el pasado. Se trata de hacernos a un lado para observar qué sucede cuando los docentes, los profesionales de la memoria o los testigos que comparecen en estos contextos disertan a los estudiantes con historias de violencia con la idea de que puedan extraer lecciones cívicas de cara al futuro. Estudiemos, por tanto, no la intención de conmover de los programas educativos, sino las reacciones y emociones que se generan en las aulas, teniendo en cuenta toda su complejidad. Con esto no buscamos criticar los esfuerzos por la sensibilización ni reprochar su recurso a la afectación y el patetismo, sino más bien describirlo.

Reticencias. Ser profesor y tener que evocar un pasado violento

Este cambio en el enfoque nos conduce a una primera observación: existe una clara brecha entre las prescripciones y las prácticas docentes. Si bien los profesores valoran la «dimensión ciudadana», como se ha mostrado, por ejemplo, en

18 En: http://www.levandehistoria.se/sites/default/files/wysiwyg_media/teachersurvey_eng_webb.pdf. Se trata de una investigación internacional [Consultado el 19 de julio de 2017].

el caso suizo (Eckmann y Heimberg, 2011); si bien muchos hacen uso de las herramientas pedagógicas propuestas por el Ministerio de Educación, en el marco de las clases dedicadas a la evocación de los pasados violentos, a menudo es el contenido factual de los programas lo que constituye el núcleo central de las clases. No todos los docentes se pliegan de manera continua al imperativo de este ritual de conversión cívica a través de la memoria. Más allá de que se adhieran por principios a la idea de la importancia del pasado en la construcción de la sociedad actual, los docentes no tienen por qué asumir de manera mecánica, como podría pensarse, la función cívica que se les asigna. Por ejemplo, y aunque no disponemos de estudios sistemáticos sobre el asunto, cabe pensar que, a pesar de las numerosas circulares que instan a celebrar el 27 de enero como una jornada en memoria del Holocausto y en prevención de los crímenes contra la humanidad, el personal docente lo tiene poco en cuenta (de Cock y Heimberg, 2014). Esta diferencia entre expectativas y realidad no implica, desde luego, falta de adhesión por su parte hacia los valores del humanismo y la tolerancia, sino más bien una adecuación al espacio social que constituye el aula.

El aula es un lugar donde se producen interacciones entre un profesional, el docente, y alumnos que, de manera simultánea, viven en otros espacios de socialización. En Francia, la formación profesional de los profesores de historia tiene como prioridad el conocimiento de contenidos más que la didáctica. Cuando se enfrentan a un grupo, y en consonancia con este aprendizaje profesional, buena parte de los docentes opta por transmitir hechos, de acuerdo con los ejes del programa docente oficial, en vez de con el calendario conmemorativo.[19] De esta manera, reafirman el hecho de que la

19 Aclarar que no lo aplican con la docilidad y el moralismo de algunos gobiernos, ni el relativismo de otros. Por ejemplo, el caso de Sebastián Piñera, que, en Chile, dejó a elección de los docentes la posibilidad de denominar la dictadura como dictadura, el régimen militar como régimen militar, o el pronunciamiento como pronunciamiento.

escuela es *solo* un lugar de saber. Por cuestiones profesionales, el transmisor del conocimiento —el profesor— se pone al servicio de un relato autorizado cuyo primer objetivo es el examen, y que fomenta la creencia —tanto en los alumnos como en los padres— de que es posible hacer una lectura única de los hechos (Tutiaux-Guillon, 2008). Dejar de lado este *habitus* profesional para construir un nuevo modo de articular la relación entre historia y memoria, requeriría de un tiempo de reflexión pedagógica; por desgracia, la estructura y organización de los medios de la educación franceses hacen que cambiar este paradigma sea algo casi improbable.

Tibieza. ¿Las políticas de memoria generan indiferencia más que tolerancia?

Las políticas de memoria se aplican en los centros educativos de manera muy desigual. O al menos, no tienen la incidencia que se les presupone en los programas, lo cual no determina su fuerza movilizadora en otros espacios, como por ejemplo los políticos. Algunos docentes sí hacen suyos los imperativos de la movilización a favor de la tolerancia por razones diversas, como por ejemplo ciertas dinámicas colectivas, trayectorias personales, contextos locales o incluso oportunidades institucionales. Ahora bien, cuando el trabajo que se realiza en las aulas asume estas funciones cívicas, o cuando los alumnos lo reciben de este modo, ¿es realmente eficaz? Los límites de la educación ciudadana son bien conocidos, desde hace mucho, en distintos países: por más que los conocimientos sobre la vida institucional y política se incrementen sobre la base de un bagaje cultural común transmitido a través de las escuelas, lo cierto es que esto no logra modificar ciertas actitudes políticas y comportamientos sociales. Los efectos varían según los rasgos sociales de los estudiantes, pudiendo llegar a ser, incluso, contraproducentes, lo que acaba generando un mayor distanciamiento del compromiso político y la participación ciudadana

(Litt, 1963; Jennings y Niemi, 1974). Parece más fácil consolidar normas en grupos sociales predispuestos que convencer a intolerantes o a meros indiferentes —suponiendo, claro, que haya *intolerantes* o *indiferentes* estáticos—. Las pocas investigaciones realizadas sobre el impacto inmediato de tal o cual lección sobre el pasado así lo confirman.

Como ejemplo, sin ir más lejos, un mayor conocimiento sobre el Holocausto no genera cambios de actitud en alumnos que se consideran cercanos a la extrema derecha. Estos estudiantes suelen haber crecido en el seno de familias altamente politizadas y con interés en el aprendizaje, o a la inversa, en núcleos decididos a resistir «al mundo adulto» acercándose a ideologías extremistas. Influenciados por su proselitismo y por su ánimo propagandístico, estos estudiantes suelen ser buenos conocedores de estos periodos, los cuales tienden a glorificar. Su confrontación con las lecciones de Historia en el marco de la enseñanza reglada dista bastante de modificar sus convicciones. De hecho, los pocos estudios que se han realizado sobre el tema demuestran lo contrario: que las fortalecen (Deckert-Peaceman, 2002; Eckmann y Eser Davolio, 2002).

Lo mismo puede suceder en contextos que hayan sufrido conflictos violentos de manera reciente. Como ejemplo, podemos mencionar el de la enseñanza de la historia del *apartheid* en los colegios sudafricanos. Esta transmisión del pasado segregacionista pretende que la población tome conciencia y condene el racismo, que inexcusablemente sigue vigente por mucho que la segregación concluyese a nivel legal en la década de los 90. Chana Teeger realizó una extensa y minuciosa investigación sobre estas clases de Historia, y concluyó que estas prácticas generalmente suscitaban entre los estudiantes indiferencia hacia la lucha contra la segregación —incluyendo los casos de grupos escolares mixtos—. Además, esta enseñanza fundada en la memoria acababa produciendo, finalmente, cierta naturalización del racismo que se pretendía combatir. La investigadora destaca el modo en que la misma forma del relato propuesto acababa explicando el resultado final (Teeger, 2015). Los docentes, de hecho, recurren a relatos de vida supuestamente edificantes con los que todos podrían sentirse identificados: en grupos de enseñanza mixtos, se esfuerzan por dar con ejemplos de blancos que destacaron en su lucha contra el *apartheid*. Sin embargo, estas pedagogías presentan características *despolitizadoras* comunes a buena parte de las políticas de memoria contemporáneas: rechazo del relato maniqueo, roles primordialmente atribuidos a la responsabilidad de los individuos y utilización de elementos emotivos. Estos atributos pueden explicar por qué muchos estudiantes acaban pensando que el racismo es algo banal e intrínseco a la sociedad, lo cual deviene en formas de desvinculación absoluta. Así, relatos formalmente similares —amparados en testimonios e historias de individuos supuestamente ejemplares— pueden acabar provocando, en algunos casos, un repliegue sobre convicciones hostiles, y, en otros, total indiferencia o fatalismo.

Los marcos sociales de la memoria: de la escuela a la familia

La sociología permite entender la escasa fuerza que ejercen las lecciones de civismo. Incluso Émile Durkheim, quien atribuyese al maestro un «poder cuasi hipnótico» —por aquel entonces considerado una especie de «húsar negro de la República», autoridad moral y figura patriótica de absoluto respeto—, insiste en la importancia de los cuantiosos «ruidos» que impiden una atención plena y una total aprehensión. Subraya el rol de la «educación inconsciente que nunca se detiene», en la que lo que no es voluntad de los educadores cuenta más que lo que sí lo es. Especialmente si se tiene en cuenta que la escuela no supone un cara-a-cara absoluto entre el educador y el estudiante, sino que simplemente es uno de los mundos sociales que este último frecuenta. Entre esos otros universos, cuyos ecos penetran en el aula, el familiar juega un rol preponderante. Numerosos estudios demuestran cómo ese filtro familiar orienta de manera determinante la interpretación final que hará el estudiante del mensaje que se le quiera transmitir a través de políticas escolares en torno a la memoria. Por ejemplo, el rol que juegan los manuales y programas escolares en Japón es muy secundario en comparación con la transmisión de la historia familiar y del marco aparejado en el que se lee el pasado (Fakuoka, 2011). Lo mismo sucede en Alemania.

El mencionado estudio sobre la enseñanza del pasado nazi en cuatro aulas alemanas distintas es particularmente esclarecedor a este respecto (Oeser, 2010). El legado reivindicativo de 1968 presente en buena parte de los docentes constituye un motor poderoso tanto para lograr que sus alumnos aumenten su tolerancia como en su decisión de recurrir para este fin a la historia del Holocausto. Esta relativa uniformidad en las motivaciones de los docentes contrasta enormemente con la diversidad de formas de recepción por parte de los estudiantes. Se debe, en primer lugar, a las muy diversas formas familiares. Un núcleo familiar, cuando no tiene competencia, puede imponer una determinada visión a un niño. Y es que el universo infantil, cuando se es pequeño, no es «un mundo posible entre muchos otros», sino «el mundo, el único mundo concebible; el mundo simple y llanamente» (Berger y Luckmann, 1992). No obstante, incluso en este marco de exclusividad, el niño «recicla» e imita deformando (Pagis y Lignier, 2017), apropiándose no tanto de referencias partidistas concretas, sino más bien a través de un interés por la política, un hábito de discusión y un «estilo» familiar, más o menos concomitante y abierto al mundo exterior.[20] Esta capacidad de emulación es una de

20 Los trabajos generales sobre la socialización de los niños coinciden con las conclusiones de los trabajos que se han interesado por la cuestión específica de la socialización del pasado (Maurer, 2000; Pagis y Liniers, 2017).

las explicaciones de la dificultad para evaluar el amarre de los legados y su perdurabilidad. Por ejemplo, para los jóvenes quebequenses, los conocimientos escolares no siempre implican una relación con el pasado: la escuela afirma que conocer el pasado es relevante, pero el contenido de este conocimiento puede provenir de otro lado, en particular, de la familia (Létourneau, 2014; para una visión comparativa, Lanthéaume y Létourneau, 2016).

Cuando los diversos universos que habita una persona son afines, la herencia se torna más precisa. No somos, pues, productos mecánicos de una socialización familiar, a su vez acorde con una identidad social, ni individuos que paseen esa perfecta coherencia por los lugares por donde transitan. Experimentamos universos distintos, en los cuales nos apropiamos de preceptos que mostraremos u ocultaremos según el contexto. La socialización homogénea es una quimera de sociólogo, y una excepción histórica o social —por ejemplo, en el cosmos cerrado de la burguesía católica (Lahire, 2001)—.

Las interacciones sociales ordinarias y la apropiación de las lecciones del pasado

A la energía intrínseca de los distintos mundos sociales frecuentados, cabe sumar su fuerza en el «aquí» y el «ahora». La enseñanza de la Historia u otras formas de transmisión del pasado y de sus lecciones en la escuela, no implica que lo que ya conforma a la persona —personalidad moral, identidad social, herencia familiar— vaya a resistirse, por naturaleza, a los esfuerzos del educador por reorientar los valores. Las clases son también situaciones e interacciones. Por ejemplo: una lección dedicada a la evocación de un pasado violento no será la misma si, antes de entrar en el aula, surge un incidente entre los alumnos. Tendrá, del mismo modo, un significado distinto si un estudiante aprovecha el discurso del docente —por la emoción que puede provocar este tipo de evocaciones— para expresar su hostilidad o, por el contrario, para llamar la atención y que sean indulgentes con él. El rechazo o la aprobación no siempre son lo que parecen. Pero hay algo que sí es cierto: querer ser un buen alumno facilita la adhesión a este tipo de enseñanza, tanto más cuando lo que se cuenta en clase tiene algún vínculo con el pensamiento del propio núcleo familiar.

Cuando se rechaza sacar lecciones de un pasado violento, más que por cuestiones familiares o de clase, suele ser porque, durante la transmisión, se produce un juego social complejo a su alrededor. Cuando esto sucede, en el aula se ponen en marcha una multitud de relaciones sociales que pueden ser independientes de otros entornos sociales o no: mi compañero de clase puede ser, llegado el caso, mi primo; el hijo de un colega de trabajo de mi madre, un vecino, etc.

Si lo que exigen los genocidios y las violencias de corte político es una mayor y rigurosa atención en el plano moral; si su complejidad implica todavía una mayor atención en lo referente al conocimiento; solo lo moral o lo cognitivo, entre otras cosas, parecen ser los elementos que llegan a captar nuestro interés. En tanto motivo de acción, la moral no necesariamente prevalece sobre las ganas de saber, la indignación política, el deseo —de ser bien visto por el profesor, de seducir a tal o cual compañero o de lograr el apoyo de tal otro— o la ausencia de deseo —gestionar el aburrimiento revisando discretamente el teléfono móvil—. Estamos construidos de tal manera que podemos perfectamente estar pensando en otras cosas y no en lo que —moralmente, según algunos— debería importarnos.

Estas interacciones sociales que se dan en el aula orientan cómo se reciben los contenidos sobre la memoria: si son apropiados y si cobran sentido para los alumnos. Antes de transmitir un mensaje, sea cual sea, el docente ha de gestionar el ambiente social que flota en la clase; en el mejor de los casos, conseguirá orientarlo y situarlo en un marco de escucha activa.

Sin embargo, la identificación de los alumnos con el docente sigue siendo débil; la hostilidad se presenta como la respuesta más común (Percheron, 1984). Quizá no sea la escuela el marco más propicio para que un mensaje cívico, vehiculado a través de la memoria, tenga un impacto eficaz. Sobre todo, teniendo en cuenta que vivimos en una época en la que la legitimización del docente está puesta en entredicho, bien por la desvalorización de los títulos y diplomas o por su salario cada vez más precario.

Dentro de este marco, es posible entender por qué en Sudáfrica, los docentes —incluyendo, y de buena fe, profesores negros— eligen una pedagogía que produce, como hemos evocado, una percepción natural del racismo. Con el fin de evitar un rechazo que pueda prolongar los conflictos políticos que han marcado la historia del país, y/o por un espíritu de equilibrio científico y de moderación política, los docentes han adoptado una forma de enseñanza que ya no habla solo de un sistema político, sino de individuos que fueron víctimas o que lucharon contra ese sistema, y que velan porque la historia incluya tanto a negros como blancos. Por lo mismo, subrayan la existencia, «también» y a pesar de todo, de «víctimas» blancas y de «culpables» negros.

Ahora bien, al poner tanto el foco en problemas de comunicación entre individuos, los problemas sociales entre grupos han perdido visibilidad. De hecho, el *apartheid* se analiza bajo la preocupación de juzgar la responsabilidad de ambas partes, eludiendo la desigualdad intergrupal. Cuando se pregunta a los alumnos después de largos debates en clase, comprobamos que responsabilizan de sus comportamientos a cada individuo, sin tener en cuenta los elementos sociales y políticos que pueden estar influyendo en los problemas —y conductas— de la sociedad sudafricana. Esta decisión pedagógica —que, como se verá más adelante, parte de una institución que trabaja para la «reconciliación», la comisión de verdad— permite entender que estas lecciones sobre el pasado no movilicen a los alumnos para transformar la sociedad contemporánea de un modo más igualitario (Teeger, 2015). Del mismo modo, las limitaciones en organización a las que se enfrentan los docentes ingleses influyen en la creación de un relato individualizado que impide que los alumnos capten todo el sentido en la dirección adecuada —por ejemplo, también, debido a las dificultades para encarnar la historia en la propia comunidad escolar—.

En cualquier caso, el relato preponderante que se cuenta a los estudiantes sigue siendo relativo a pequeñas historias de personas de tal o cual barrio. Pero carece de un sentido político y reflexivo. De manera paradójica, la intención de acercar a los estudiantes a una época pasada a través de relatos cotidianos —para buscar una identificación— produce un distanciamiento que pocas veces se transforma en un trampolín de compromiso con la sociedad, como muestra Catriona Pennell en su estudio sobre las visitas de estudiantes a escenarios de la Primera Guerra Mundial (Pennell, 2016). Si bien no disponemos de estudios más precisos, podemos plantear la hipótesis de que el miedo a que se produzcan *revuelos* durante alguna clase sobre el Holocausto (Bossy, 2017), concretamente, el temor ante reacciones en extremo hostiles por parte de jóvenes de los suburbios, defensores de la causa palestina, ha podido conducir a este tipo de adaptaciones pedagógicas.

La educación ciudadana, por ende, no consiste en que un docente, con conocimiento y convicciones, transmita una lección que consolide la disposición cívica de un alumno más atento a la carga emotiva o a la identificación con tal o cual testigo del pasado. Sin duda, este contenido —más o menos factual o moral— se transmite, pero junto con muchos otros mensajes. Algunos son reactivos, intencionales y significativos —rechazo político, apoyo emocional, etc.—, y otros no tienen ninguna relación con este contenido, ni intención ni sentido determinados. La escuela sirve como vehículo para multitud de cosas, no siempre de manera controlada y coherente: normas de comportamiento, estilo educativo, prácticas de participación, «currículum oculto» (Forquin, 2008) —valoración del saber por el saber o la clasificación a través de notas, por ejemplo—, incluso insultos y cartas de amor intercambiadas en los patios de recreo (Young, 1971; Dubet y Martuccelli, 1996). A veces, las lecciones de la historia cobran sentido en este momento en el que proliferan el revuelo, las prescripciones, las palabras «vacías»: este encuentro desordenado puede fortalecerlas. Como ejemplo, podemos pensar en cuando un estudiante, que quiere ajustarse a las expectativas de su profesor —superpuestas, asimismo, a las de su núcleo familiar—, se identifica con un testigo superviviente y se siente feliz en su rol de buen alumno, que es, además ese día, el de un ciudadano ejemplar y hombre de buena voluntad. Pero la proliferación de revuelos distractores también puede hacer que, a pesar de la fuerza del mensaje, este ni siquiera sea escuchado o suscite hostilidad. Sylvain Antichan y sus colegas acompañaron a varios grupos de estudiantes de secundaria en sus visitas a exposiciones que conmemoraban el centenario de la Primera Guerra Mundial. En cada caso, el modo en que esos alumnos se sentían partícipes de ese pasado dependía del flujo e interacción de un conjunto de roles sociales: el de camaradas en un grupo de iguales, el de muchachos y muchachas en un espacio sexuado, el de visitantes de una exposición y, finalmente, el de alumnos —cada uno de estos roles produce ideas y posturas propias, difícilmente conciliables—. Por tanto, lo que se llevaban los estudiantes, en calidad de visitantes, no era tanto la exposición en sí misma, sino las maneras de utilizarla y su función social (Antichan *et al.*, 2016).[21]

Se pueden abordar, de la misma manera, los programas educativos o campamentos de verano mixtos, que reunían a adolescentes de distintos países en conflicto para tratar de contrarrestar sus recuerdos hostiles hacia los otros —el

21 Para otros ejemplos sobre estos ruidos, ver Bonafoux, de Cock-Pierrepont y Falaize, 2007.

contexto de la interacción es, en este caso, el de un lugar de vacaciones—. Nos gustaría creer que cualquier sociedad puede alcanzar un estado de paz y tolerancia gracias a la *magia* del contacto entre supuestos enemigos. Por desgracia, es un poco más complicado. Estos niños no son solamente los emisarios de sus países o comunidades; también son miembros de grupos sociales, herederos de la lealtad política de sus padres, y de igual modo, simple y llanamente, personas que, a través del intercambio con el otro, pueden elegir tomar partido por el conflicto o por la amistad. Los psicólogos sociales que han analizado y teorizado sobre estas experiencias reconocen que lo que se crea dentro de un espacio seguro —un *safe space*— no es fácilmente extrapolable a una sociedad dividida y afectada por políticas beligerantes; la amistad que se construye en condiciones de relativa *igualdad* se ve amenazada por la experiencia cotidiana de *desigualdad* y guerra. Los sociólogos han demostrado que estos criterios de equidad no siempre se pudieron cumplir: la igualdad de condiciones asegurada en el marco de un programa escolar mixto, o la opulencia de un campamento de verano en la costa este de los Estados Unidos —frecuentado por angloparlantes conservadores de clase privilegiada—, se desvanece cuando se vuelve a la «vida real», en Israel y Palestina, por ejemplo (Hammack, 2009). Y esto puede ser peor aún: el propio contacto —entre grupos sociales distintos— llegaría a agravar las lógicas de distinción y distanciación sociales (Oberti y Préteceile, 2016). Esto podría darse en el caso de que un docente, u otra autoridad, impusiera un encuentro entre individuos de distintos grupos —de naturaleza desigual— sin asegurarse —lo cual no es fácil— de que estas desigualdades no fueran determinantes para la experiencia y no se expresaran a través del desprecio. La transmisión de un pasado violento, en el que aparecen víctimas y verdugos, puede llegar a reforzar las asignaciones comunitarias que, se supone, debería sobrepasar (Falaize, 2008).

La memoria en los museos: reconocer el pasado

En ocasiones, las actividades en pro de la memoria tienen lugar fuera de los recintos escolares, para que los estudiantes puedan entrar en contacto de forma directa con los sucesos pretéritos. Se visitan museos, memoriales y otros lugares donde también se habla del pasado. Entre estos enclaves destaca Auschwitz, cuyo flujo de visitantes, y, por tanto, de investigaciones y sondeos sobre su experiencia en el campo polaco ha aumentado de forma considerable en los últimos años (Krondorfer, 1995; Kugelmass, 2010; Feldman, 2010). De igual modo, el centenario de la Primera Guerra Mundial impulsó trabajos de análisis sobre la asistencia de estudiantes a los lugares del conflicto (Pennell, 2016), o a exposiciones históricas en un contexto conmemorativo (Antichan, *et al.*., 2016). Es de este modo como sabemos que estos enclaves generan interpretaciones contradictorias en lo relativo a valores cívicos. En general, la investigación científica ha estudiado poco el impacto de las visitas. Es decir: lo que hacen los visitantes con aquello que ven (Feldman y Peleikis, 2014). Sin embargo, los pocos conocimientos existentes al respecto nos llevan a prestar atención —de nuevo— a la experiencia social, ordinaria en muchos casos, que se desarrolla en estos museos.

Visitar y revisitar el pasado

La primera observación que hemos de hacer aquí es, nuevamente, la del desfase entre la declaración de principios —la teoría— y las prácticas —lo que se hace—. Si bien la visita a museos de memoria y monumentos va en aumento, los visitantes todavía constituyen una pequeña parte de la población. En 2011, solo el 10 % de los franceses visitó a lo largo del año algún campo de batalla, memorial o museo de historia.[22] Si hablásemos de una muestra que se renueva constantemente, la cifra podría indicarnos una gran difusión, pero no es el caso —a pesar de, es innegable, existir una tendencia positiva hacia la diversificación—. Y es que, en esencia, es el mismo público el que va de un museo a otro. Si bien las investigaciones demuestran que los museos de memoria son más visitados por las clases trabajadoras que los relacionados con las artes, su visitante tipo proviene, mayoritariamente, de clase privilegiada, tanto en lo social como en lo económico, lo cultural y lo académico. Además, la edad de la mayoría de los visitantes oscila entre los 60 y los 69 años, lo que queda muy lejos de esas «generaciones futuras» a las que apuntan, en teoría, las políticas de memoria.

Fuera del contexto escolar, solo una pequeña parte de la población participa de estos lugares emblemáticos y de los mensajes y símbolos que custodian. ¿Cómo se perciben estos dicursos? Los estudios sobre los visitantes a museos de historia —y memoria— son pocos si los comparamos con los de arte o ciencia. Sin embargo, coinciden en subrayar que el pasado que se muestra es, en primer lugar, *reconocido* a través de una serie de filtros, antes de ser *descubierto* (Fyfe y Ross, 1996). Según un mecanismo próximo a la «mirada del turista», puesta de manifiesto por John Urry (2002), la experiencia de la visita está enmarcada y preestructurada por el imaginario —y la familiaridad— previos que se tiene sobre el pasado. Entre 2012 y 2015 se realizaron varios estudios empíricos focalizados sobre asistentes a siete exposiciones históricas distintas en contextos conmemorativos relativos a la Primera Guerra Mundial y, en menor medida, al Holocausto (Antichan, Gensburger y Teboul, 2016; Gensburger, 2015). Los resultados mostraron cómo muchos de los visitantes contaban con conocimientos históricos previos. De igual modo, se puso de manifiesto que el contenido expositivo se *leía* e interpretaba a través de la historia familiar

22 En: http://www.credoc.fr/pdf/Rapp/R281.pdf [Consultado el 19 de julio de 2017].

propia y de la experiencia cotidiana —relacionada con la actividad profesional, el deporte o el ocio—. Cuando se está frente al pasado, no es lo pasado lo primero que se ve ni, en definitiva, con lo que uno tiende a quedarse.

De la transmisión al fortalecimiento de los valores

Si suponemos, entonces, que los visitantes ven cosas distintas a partir de un mismo lugar de memoria o exposición, ¿extraen también aprendizajes diferentes de estas experiencias? ¿Extraen, acaso, algo útil y extrapolable a su condición ética y como ciudadanos? Por suerte, contamos con las visitas de los grupos escolares para responder a estas preguntas: si observamos y escuchamos el testimonio de los estudiantes, podremos captar ideas y pensamientos apenas perceptibles en los adultos, quienes tienden a circular en grupos más reducidos y silenciosos. Por ejemplo: en el año 2012 en Francia, una veintena de clases, principalmente de cuarto y quinto de primaria, fueron observadas durante su visita a una exposición sobre la deportación y el rescate de niños judíos en París (Gensburger, 2015). Desde la primera sala, los escolares no dejaban de exclamar: «¡Estos sí que eran racistas!»; «No es justo, ¡es discriminación!»; «¡Pero eso no es justo! Se tuvo que avisar a la policía, ¿no?». De este modo, tanto la reacción de los niños como lo que decían o preguntaban revelaba indignación y unos valores de tolerancia —de vigilancia ciudadana, por ende— frente a la discriminación. Es decir: ya tenían de antemano opiniones formadas al respecto. Esto nos hace pensar que sus normas morales estaban lo suficientemente arraigadas como para sentirse seguros de poder expresarlas abiertamente en un contexto así. Esta conclusión se confirmó, de igual modo, a través de varios estudios basados en la observación de estudiantes en sus visitas a exposiciones relacionadas con la Primera Guerra Mundial (Antichan *et al.*, 2016). Al parecer, la confrontación con el pasado constituye más una oportunidad para expresar, legitimar y actualizar valores, que para adquirirlos.

Lo mismo sucede en el caso de los adultos observados durante su visita al Museo de los Crímenes Genocidas Tuol Sleng, en Phnom Penh; lugar en el que se exponen los asesinatos perpetrados por los jemeres rojos en Camboya (Hughes, 2008). Los turistas occidentales entrevistados por Rachel Hughes que acuden a este museo no es —o rara vez es— que busquen saciar una especie de *sed morbosa* de turismo macabro. Tampoco es que quieran aprender sobre el pasado. Lo visitan, sobre todo, para ratificar su adhesión a los valores contemporáneos de humanismo y respeto a las diferencias —un poco como quien acude a un lugar de culto para mostrar su fe—. Se trata de reafirmar estos valores; de fortalecerlos.

Estos museos de la memoria permiten expresar y actualizar valores ya preexistentes. Al menos, en el espacio y tiempo en que se produce la visita —ineludible, por cierto, para cualquiera que vaya a visitar Camboya—. Se muestran, no tanto como espacios de transmisión de valores —extraídos a su vez del pasado—, sino como lugares donde es posible afirmar públicamente una forma de adhesión que, además, nada ni nadie puede asegurar que perdure más allá del momento mismo de la actualización —o sea, de la visita— (Lisle, 2006; Bernard-Donals, 2005). Llegados a este punto, invitamos al lector a releer la cita del sociólogo Erving Goffman situada al comienzo del primer capítulo de este ensayo: [...] no están preocupados por el problema moral de cumplir con esas normas, sino con el problema moral de dar una impresión convincente de estar actuando según dichas normas [...] como individuos no desplegamos preocupación real por ellas. Nos comportamos como comerciantes de la moralidad (Goffman, 1996).

Estos mecanismos parecen explicar los efectos contraproducentes de las políticas de memoria mencionados con anterioridad. No existe evidencia alguna de que visitar una exposición que evoque una historia de discriminación étnica ayude a promover valores de igualdad —sobre todo si todavía no se han adquirido—, o a reducir de algún modo los estereotipos raciales; de hecho, puede incluso reforzarlos. Es el caso de un festival americano que se organizó para rendir homenaje a la diversidad de las culturas locales, y que terminó desencadenando justo el efecto contrario: reacciones discriminatorias y estigmatizantes (Satterwhite, 2005). La investigadora Emily Satterwhite observó, a través de mediciones etnográficas y cuestionarios, cómo este festival de música tradicional, orientado a promover la multiculturalidad, fue utilizado por parte de los participantes para fomentar y reforzar la identificación con la raza «blanca».

Las interacciones sociales ordinarias siguen presentes

Estos hallazgos invitan a replantearse ciertas cosas: ¿cómo, visto lo visto, la memoria podría servir a la causa de la pacificación? (MacDowell y Braniff, 2014). Visitar museos y espacios conmemorativos parece estar bajo la influencia de las interacciones sociales, ese *ruido* que existe y que interviene antes, durante y después de la experiencia. Para entenderlo mejor, volvamos a los jóvenes visitantes de una exposición sobre niños judíos durante el Holocausto en París, allá por el otoño de 2012 (Gensburger, 2015). Observémoslos en dos contextos distintos: en el marco escolar y en el familiar.

En el primer caso, los niños acuden en calidad de alumnos, en compañía de sus compañeros y su profesor. Remarquemos, mejor, que este profesor es una profesora, ya que las lecturas que hacemos sobre el pasado tienen género; así como las antiguas plañideras eran, al igual que las Erinias, mujeres, hoy las *guardianas* de la memoria suelen serlo también.[23] El visitante en calidad de alumno se interesa, casi en exclusiva, por los documentos que conservan la *huella* de la vida escolar de los niños judíos parisinos: acuden y se detienen en cuadernos y blocs de dibujo. En este contexto, se aproximan a los detalles materiales de los documentos: leen con atención una carta de uno de esos niños judíos, escrita con bolígrafo, admirando la letra y revisando la ortografía —es recurrente que les guste buscar y encontrar fallos—; se maravillan con los colores y los papeles, sus plegados y *collages*... la exposición es, ante todo, una actividad escolar. Este filtro que enmarca la visita dentro de la escuela se manifiesta con mayor intensidad cuando la comparamos con las de los niños que acuden con sus familias.

En este segundo caso, los jóvenes —muchos de la misma edad— no se interesan para nada por los documentos y objetos relacionados con el periodo escolar, sino que prefieren las vitrinas expositivas sobre los divorcios y la separación de los padres que, además, contienen fotografías familiares o cartas.

La importancia evidente de los contextos sociales en los que se desarrollan estas experiencias de los visitantes —y que enmarcan su compromiso en relación al contenido— se confirma con otras investigaciones realizadas, como es el caso de las visitas escolares a exposiciones relacionadas con el centenario de la Primera Guerra Mundial, mencionado anteriormente (Antichan *et al.*, 2016), o de visitas en familia a museos (Jonchery y Biraud, 2016) y otros lugares de patrimonio histórico (Jones, 2010). Esto también es aplicable al recuerdo que deja la exposición después de un tiempo. Según varios estudios que analizan las visitas a museos —no

23 Lo que, desde luego, no se explica tanto por supuesta «virtud femenina», sino por un rol social atribuido a las mujeres, así como por el acceso privilegiado que tienen a profesiones muy diplomadas, pero poco remuneradas, compatibles con lo que se espera de ellas en tanto madres y educadoras.

de historia, sino de ciencia—, los individuos solo las recuerdan cuando estas se insertan en un conjunto de relaciones sociales que han perdurado posteriormente, ya sea dentro del grupo escolar, familiar o territorial. Es decir: la experiencia museográfica solo deja huella cuando las visitas se evocan con regularidad en conversaciones cotidianas, porque se sigue viendo un objeto que se vincula con ella o por haberla compartido con algún amigo o compañero de clase (Falk y Dierking, 1997). En cuanto a las visitas a los museos de historia propiamente dichos, una encuesta realizada *lejos de los museos* indica que, en general, se guardan pocos recuerdos, y que estos suelen limitarse al entorno escolar o familiar de la infancia. No obstante, los encuestados afirman la absoluta importancia de visitar estos centros, en especial cuando se tienen hijos (Antichan *et al.*, 2016). Al parecer —y nos incluimos a nosotras mismas—, creemos recordar lo que en verdad olvidamos. Volveremos a esta aparente paradoja en el tercer capítulo.

Comisiones de verdad: ¿un remedio colectivo a los traumas?

Las lecciones del pasado, por tanto, no existen por sí mismas. Incluso cuando se ofrecen con la mejor de las intenciones, se acaban modificando y reformulando en el momento mismo en el que se transmiten. Esto es así por una razón simple que ya hemos mencionado: no pueden escapar a la red de relaciones sociales que condicionan su significado. Las personas involucradas pueden estar más o menos atentas, más o menos familiarizadas unas con otras, pueden asumir roles distintos; pero el hecho primordial es que, más allá de eso, no en todas ellas va a producirse esa *reforma cívica* que podría esperarse. En realidad, lo que observamos en centros de enseñanza, monumentos o durante la celebración de actos conmemorativos en democracias más o menos pacíficas, no es, en última instancia, tan distinto de lo que sucede en sistemas constituidos nada más finalizar un conflicto violento, o, incluso, cuando una guerra no ha concluido todavía, pero ya se están configurando dispositivos para reelaborar el pasado y construir un futuro mejor.

El sufrimiento como centro de las comisiones de verdad

Tomemos el ejemplo, ya mencionado, de las comisiones de verdad. A ojos de los promotores de justicia transicional, esta experiencia que reúne en un todo —supuestamente de forma coherente— diversas herramientas para la gestión de un pasado marcado por violaciones graves de los derechos humanos, permite *gestionar* el doloroso legado proveniente de estas guerras y conflictos, de tal manera que conduzca tanto a la paz, como a la justicia y la democracia. Como hemos visto, estas comisiones contribuyen a forjar un acuerdo de paz entre antiguos enemigos: las consecuencias de las amnistías son, bajo esta lógica pragmática, mitigadas por mecanismos que reconocen a las víctimas. Es por ello por lo que estas comisiones de la verdad son duramente criticadas; de hecho, los políticos más preocupados por su reputación vieron en ellas una especie de «caza de brujas». Por su parte, los investigadores han demostrado, y con razón, cómo estos organismos fomentan la colusión entre viejas y nuevas élites, que se ponen de acuerdo para conservar e intercambiar recursos de poder (Wilson, 2001). Otros han señalado lo obvio: no se puede esperar que una institución —que además solo tiene un mandato de dos años— reconcilie a un país que lleva en conflicto entre diez y cincuenta años. Sin embargo, a ojos de aquellos que las instauran y las promueven a nivel internacional, las comisiones de verdad constituyen una política de memoria necesaria a la hora de superar prejuicios y odios pasados. Incluso se les atribuye el poder de liberar de los traumas a aquellos individuos que han nacido de la violencia política —a través de una especie de catarsis colectiva liberadora, a la antigua usanza de la tragedia griega—, al mismo tiempo que plantean una nueva forma de justicia: la justicia *restaurativa* —o restauradora— y una democracia mejor.

Aquello que les valió para ser consideradas tan útiles y virtuosas fue el lugar primordial que conceden a las víctimas y el efecto que se supone que esto tiene sobre ellas. Por ello, las comisiones de verdad son las instituciones emblemáticas de las políticas de memoria contemporáneas, ya que su prioridad es situar a las víctimas en un lugar privilegiado a la hora de elaborar el pasado. Durante las audiencias públicas, estas víctimas se convierten en testigos del pasado, en narradoras de la violencia y el sufrimiento que sintieron ellas o sus familiares. Su *verdad* contribuye, junto con el análisis de los historiadores, al informe que después las comisiones envían a la autoridad política. Al permitir que las víctimas purguen de alguna forma su dolor, se espera que las comisiones de verdad, al igual que el «tribunal de las lágrimas» sudafricano, curen los traumas y favorezcan la reconstrucción de las naciones que siguen de luto. Incluso se les atribuye el poder de hacer que los verdugos sientan remordimientos y acaben pidiendo perdón. No obstante, la mayor parte de las veces no es así: los autores de actos violentos suelen mostrarse reacios a reconocer la gravedad de sus crímenes. Por ejemplo, pensemos en el caso sudafricano de Adrian Vlok, miembro de la policía del *apartheid* quien, tras convertirse al cristianismo, lavó los pies de sus víctimas y otros negros... ¿Cuántos se han negado a hacerlo? Igual sucede en América Latina, donde solo unos pocos militares de las dictaduras argentina o chilena reconocieron sus actos públicamente —Adolfo Scilingo, por ejemplo—. ¿Cuántos negaron tajantemente haber cometido semejantes delitos y afirmaron, incluso desde la cárcel, haber defendido su patria de la subversión? Los criminales de guerra suelen arrepentirse solo si las autoridades u otras personalidades importantes les obligan.

Por su parte, las comisiones de verdad parecen tener ojos solo para el sufrimiento de las víctimas, las cuales pasan a convertirse en testigos de los hechos. Los documentales realizados sobre estas instancias siempre están repletos de imágenes conmovedoras donde se muestra a personas —mujeres en su mayoría; envejecidas, negras en el caso sudafricano— que gritan, lloran y convulsionan, mientras otras que parecen sus familiares, pero que en realidad son psicólogas profesionales —de nuevo, mayoritariamente mujeres— las consuelan (Lefranc, 2014).[24] Esta técnica que prima el llanto y la efusividad se ha convertido en uno de los dispositivos promocionados por los organismos internacionales. Con ello, deliberar sobre el pasado reciente se torna en un ejercicio «en caliente», no delegable en manos de fríos historiadores o parlamentarios que desarrollen su actividad en contextos cerrados y poco dados a la empatía. Lo que se espera es que la intensidad emocional de las víctimas provoque una catarsis más que conocimiento; al hacer públicos estos testimonios, debería crearse una memoria —esperamos— compartida que, de aquí en adelante, cuide y proteja a la sociedad.

Los testimonios de las víctimas son absolutamente conmovedores. Sus relatos sobre asesinatos y torturas, pérdidas de seres queridos y penurias materiales —que sufren familias pobres, en su mayoría—, generan mucha empatía. Las audiencias, ya sean a puerta cerrada —en Argentina, en Chile— o públicas —en Sudáfrica, Perú o Marruecos—, facilitan la expresión de emociones fuertes. Pero ¿cómo establecer una relación de causa-efecto entre revelar la memoria traumática de las víctimas-testigos y la reconciliación de la sociedad? Esta expectativa de cambio refleja la importancia que las políticas de memoria contemporáneas conceden a

---

24 Los archivos del documental difundido a diario, a lo largo de la *Truth and Reconciliation Commission* en Sudáfrica, están disponibles en youtube: https://www.youtube.com/watch?v=yTnY5SQYAro [Consultado el 21 de julio de 2017].

las emociones. Al aproximar y humanizar el conocimiento de los hechos, se espera que estos testimonios generen cambios de conducta en la ciudadanía. Además, las comisiones de verdad también buscan liberar a los testigos de su dolor, y de aquellos traumas que todavía no se han reelaborado y que siguen «congelados» desde el momento del crimen (Fassin y Rechtman, 2007). Si entendemos que el sufrimiento vinculado con el daño físico o emocional es una herida que permanece en el alma, y que ese dolor puede expresarse ante determinadas comisiones, ¿debemos entonces *ver* únicamente ese tormento, y suponer que el trauma causado por la violencia va a enquistarse a perpetuidad como una herida? (Hamber, 2009). La violencia puede vivirse de muy diversas formas, según el estatus de las personas: no será igual para un dirigente político que para una madre apolítica, por ejemplo. Tampoco para los supervivientes. De hecho, la vida social de una persona que ha sufrido una agresión no tiene por qué verse interrumpida tras el suceso. La memoria individual,[25] o, más concretamente, el relato que un individuo elabora de su propio pasado, no es disociable de los «marcos sociales»; esas estructuras que lo organizan y, por ende, lo constituyen (Halbwachs, 1994; Bastide, 1970; Lavabre, 1994). Los pocos estudios que hay al respecto señalan que las víctimas, los supervivientes, pueden llevar perfectamente una vida normal, e incluso pueden —muy lejos de la conducta depresiva que se espera de ellos— demostrar una mayor vitalidad y energía, como fue el caso de los judíos que

25 Como se dijo en la introducción, este libro no pretende abordar la cuestión de los conceptos que conviene utilizar para pensar la memoria. Basta con que el lector sepa que la expresión «memoria individual» no significa que esa memoria puede existir por fuera de su estado social. La memoria no es ni colectiva, en el sentido de que pueda ser la de un grupo o la de una colectividad, ni individual si se la entiende como recuerdo de una persona aislada —una «mónada» diría Maurice Halbwachs, siguiendo a Leibniz—. Concebida desde el punto de vista de la sociología, que es el nuestro aquí, la memoria es primero que nada social.

llegaron de Europa a Estados Unidos tras el Holocausto: se casaron más, se divorciaron poco, tenían índices menores de delincuencia y estuvieron más implicados en la vida comunitaria que otros judíos norteamericanos (Helmreich, 1992).

Y que quede claro: no estamos diciendo que estos individuos sean «normales» en base a una escala estandarizada de salud mental —¡el divorcio no es una patología!—. Solo queremos subrayar que los roles esperados para unos y otros varían. Por ejemplo, los supervivientes de la Segunda Guerra Mundial se vieron obligados, en parte por el contexto social y político, a ser dinámicos y a integrarse rápido en la sociedad. Esto contradice la representación popular que se hace del trauma de una víctima de violencia política. Es simplista y reduccionista, además de injusto, atribuir una única vida y emoción a víctimas y perpetradores, cuando la mayoría de las veces a lo largo de nuestra existencia vivimos y experimentamos «vidas distintas» en paralelo. Las víctimas no son solo seres *sufrientes* (Lefranc, 2014).

Lo «habitual» en las vidas de las víctimas-testigos

Si solemos considerar a las víctimas de violencia política principalmente —e, incluso, únicamente— como seres traumatizados, aunque ya hemos demostrado que no es necesariamente así, es porque los recuerdos, al igual que las emociones, son un constructo social. Son tanto el reflejo de estados interiores profundos —forjados por la experiencia personal, el *habitus* social y las instituciones— como la consecuencia de una situación y de las interacciones que se dan con la institución o el público presente. Del mismo modo en que los estudiantes que visitan una exposición conmemorativa reaccionan ante la presencia de quienes los acompañan, los testigos-víctimas hablan de su sufrimiento porque se los invita a hacerlo, de forma cálida pero insistente, a través de preguntas que se les formulan y de estímulos físicos: psicólogos presentes en la sala, caricias, asentimientos con la cabeza, palmadas en el hombro, abrazos, etc. Por el contrario, cuando las víctimas formulan una reivindicación material o expresan indignación política, se los disuade de hacerlo (Lefranc, 2014).

Si las comisiones de verdad insisten tanto en mostrar el sufrimiento de las víctimas es porque, como todas las políticas de memoria, son... políticas. Al ponerse el foco sobre las angustias individuales, puede desviarse la atención de la complejidad de juegos políticos que, en realidad, se ponen en marcha. Al pedir a las víctimas y a los observadores que controlen su lenguaje, que lo despoliticen, lo que se busca es frenar el flujo de discursos que pueden «desbordarse»; en particular los relacionados con acusaciones políticas. En este sentido, el dispositivo *expresivo* que es la comisión de verdad se asemeja a las medidas, en particular de amnistía, que se aplicaron tras crisis políticas en la antigua Roma y Atenas: las autoridades llegaban incluso a intervenir en el luto de las madres que habían perdido a sus hijos. Según los intereses, las hacían llorar en público o les prohibían hacerlo (Loraux, 1997). En nuestro siglo XXI, el mandato de recordar ha reemplazado al mandato de olvidar, muy propio de la antigüedad (Foucault, 1976). Lo que tienen en común estas políticas tan distintas es que configuran medidas públicas para duelos en el ámbito privado: las autoridades organizan el duelo de las madres, de manera tal que no se extienda al ámbito público y propague efectos conflictivos. Si bien las comisiones no eran los organismos encargados de *sellar* una versión oficial de la Historia, sí tuvieron que hacer frente a limitaciones políticas: por ejemplo, a una ley de amnistía, o a la connivencia de los enemigos del conflicto pasado (Wilson, 2001). Las comisiones, por tanto, son una herramienta de reconciliación creada «por decreto», y no como producto de un único encuentro conmovedor. Ahora bien, no siempre lo logran: a menudo, la política vuelve a resurgir. La reconciliación es más un proyecto político —siempre inacabado— que la consecuencia de una memoria compartida. En algunos países, como Costa de Marfil, donde se han implementado comisiones basadas en el modelo sudafricano, la política se sitúa incluso por delante: de hecho, la comisión fue el lugar en el que «aparcaron» a uno de los rivales del presidente (Griveaud, 2018).

Como otros dispositivos específicos de las políticas de memoria, las comisiones de verdad cuentan con una última limitación. Como hemos señalado, expresar públicamente el dolor y el sufrimiento de las víctimas —algo más terapéutico que histórico o político— debería no solo sanarlas a ellas mismas, sino a la sociedad en su conjunto, ya que la justicia llamada *transicional*, y más generalmente las políticas de memoria, postulan una conducta análoga entre lo individual y lo colectivo. Lo que ocurra en la intimidad de una persona podrá afectar, como ejemplo conmovedor, a todos los individuos y a la nación en su conjunto.

No obstante, este efecto es fluctuante y rara vez ha sido analizado. Tomemos el ejemplo, hoy canónico, de Sudáfrica. Todo parece indicar que quienes han seguido los debates de la comisión sudafricana adoptan actitudes más respetuosas en torno a la igualdad y los derechos humanos que los demás (Gibson, 2006). Sin embargo, todavía no se ha analizado lo suficiente cómo este efecto opera de forma concreta en los pliegues de lo social. Además, es un hecho que la percepción de la Historia y de las respectivas responsabilidades del régimen del *apartheid* y de sus opositores, o de los afrikáners y de la mayoría negra, han continuado siendo igualmente divergentes según el grupo étnico-racial. Y con razón: no viven juntos, sino en barrios claramente diferenciados. Esta situación coincide con las observaciones realizadas sobre las consecuencias de incluir «radicales» —defensores de identidades excluyentes o, literalmente, «expoliadores de la paz»— en procesos de paz, y sobre cómo las comisiones de verdad influyen —o no— en los prejuicios existentes hacia grupos marginados.

Un estudio detallado de una comisión circunscrita a una comunidad local —la ciudad de Greensboro, de 28 000 habitantes—, creada por iniciativa de asociaciones implicadas en la lucha por los derechos civiles de las personas de raza negra en los Estados Unidos, corrobora esta conclusión. Si bien parece que hay un efecto de *sensibilización* entre las personas que han oído hablar del trabajo de la comisión, se observa un claro impacto negativo entre la población más hostil hacia la igualdad racial. En efecto, los prejuicios se reforzaron (Ghoshal, 2015, en base a una encuesta que involucró a 716 personas): los «conservadores» se reafirmaron con más fuerza en su rechazo a cualquier reparación por parte del gobierno hacia las injusticias del pasado, y aquello que ya ni siquiera se discutía —la desaprobación del Ku Klux Klan— volvió a ser objeto de debate. Así, los proyectos en pro de la memoria parece que pueden convencer a los indecisos —sobre todo, si se basan en fuertes prejuicios, como la imagen negativa del Ku Klux Klan—, y a su vez polarizar a los ya convencidos. Al igual que sucedía en las escuelas y en los museos, las políticas de memoria, tal y como se implementan por parte de las comisiones de verdad, pueden tener efectos inesperados e incluso contrarios a los previstos.

Es más: no todo lo que beneficie a un individuo beneficiará a los otros de manera automática, como si las ideas se transmitiesen mágicamente hasta implantarse en todos los individuos que conforman un país. La sociedad, en general, no está sana ni enferma; ni siquiera cuando experimenta la violencia extrema. La violencia es en sí misma social (Naepels, 2013; Collins, 2011). No es una enfermedad, sino el producto mismo de la vida *en sociedad*.

Por otro lado, este modelo que vincula el alivio de algunas víctimas con una democracia pacificada, parece no tener en cuenta las conclusiones sobre los límites de «la eficacia integradora de las agrupaciones colectivas» puestas de relieve por los trabajos de Nicolas Mariot (2008). Un encuentro de alta carga emocional —una conmemoración, una celebración patriótica o una catarsis dolorosa— no contiene en sí misma fuerza *integradora*. Quienes aplauden o lloran no tienen por qué estar experimentando entusiasmo o tristeza. Puede que simplemente hagan lo que es socialmente apropiado en una celebración: «seguir la corriente», sin unirse a ella *de manera necesaria*. Como escribe Mary Douglas, citada al principio de este capítulo, uno puede quedarse dormido durante la misa dominical. Cambiemos la misa por las comisiones de verdad: que sean capaces de conmover al espectador distante no significa que toquen la sensibilidad de los físicamente presentes —quienes hasta se pueden, como decíamos, «quedar dormidos»—. A la inversa, nada indica que el estado emocional y cívico de los presentes vaya a *contagiar* al conjunto de los habitantes de la nación. Igual que los ciudadanos que participan en actos revolucionarios pueden estar allí por casualidad —porque se vieron obligados a estar, por oportunismo, etc.—, las víctimas también pueden tener diversos motivos para actuar y estar implicadas. Es más: cuando se reclaman reparaciones materiales o se politiza su presencia y su testimonio, estas víctimas-testigos, que han sido escuchadas por las comisiones de verdad, se resisten al mandato que les exige mostrarse y sentirse como la típica «víctima razonable».

Juicios por la memoria: el derecho es ante todo derecho —y política—

Podemos analizar del mismo modo los juicios penales que se han llevado a cabo, a escala nacional —pero a veces en nombre de una competencia «universal»—,[26] contra quienes cometieron u ordenaron actos de violencia política. Los crímenes que se recuerdan en las políticas de memoria son

26 La competencia universal permite, en teoría, juzgar a extranjeros por crímenes cometidos en el extranjero contra extranjeros.

rara vez perseguidos. Lo que predomina son las amnistías, incluso en periodos recientes con una justicia penal internacional ya bien establecida. De hecho, las amnistías representan la mitad de las medidas de justicia transicional adoptadas en todos los países entre 1970 y 2007 (Olsen, Payne y Reiner, 2010; Mallinder, 2007), e incluso su número tiende a aumentar (Jeffery, 2014). Por otro lado, los juicios, cuando se celebran, siguen siendo selectivos: se centran en altos funcionarios y en los «más terribles» asesinos, autores de actos «atroces y aberrantes», según una expresión utilizada en Argentina tras la dictadura.[27] Incluso la exterminación de los judíos de Europa, que ha concentrado gran parte de los esfuerzos por la memoria —en particular de los tribunales—, dista mucho de haber sido tratada plenamente por la justicia en los últimos setenta años.

¿Lecciones del pasado o veredicto de un juicio?

Varios autores ya han señalado que estas políticas de memoria llevadas a cabo mediante juicios a criminales políticos no presentan, en realidad, las virtudes educativas que desearían aquellos que las impulsan.[28] Y no es porque los juicios no tengan repercusiones importantes. Algunos de ellos han provocado, sin duda, cambios en el modo de percibir la violencia en la Historia. El proceso Eichmann, por ejemplo, contribuyó en gran medida a emplazar el genocidio y a sus víctimas en el centro de una memoria histórica y pública que, hasta entonces, había estado más preocupada por la guerra —en la agresión entre estados, durante los juicios de Núremberg; y en las figuras heroicas, como el caso de los sionistas en Israel, los resistentes en Francia o los soldados

---

27 Ocurre lo mismo en el caso de los juicios internacionales, que solo apuntan a las figuras más visibles.

28 Esta observación desencantada es compartida por muchos autores (Ernst, 2008; Rousso y Conan, 1996; Marrus, 2000).

en los Estados Unidos—. De igual modo, estas bondades pedagógicas mencionadas tampoco se dan porque un juicio, o cualquier otra política de memoria, modifique las convicciones contemporáneas y renueve los marcos interpretativos dominantes de un hecho histórico —lo cual implica un aprendizaje e integración a largo plazo—. Un veredicto judicial ni generaliza ni contribuye a interiorizar de forma mecánica una idea.

Y —este es el punto que aquí nos ocupa—, los juicios no siempre tienen el poder que se les presupone de impedir la repetición de actos violentos al sacar las verdades a la luz. La verdad judicial no tiene que ver con cuán verosímil sea la historia (Thomas, 1998; Rousso y Conan, 1996). La misma materia del derecho no siempre es compatible con una buena descripción de los crímenes. Es el caso cuando el derecho deduce una falta legal de una motivación o intención moral individual. Sin embargo, el crimen de masas disuelve esta relación entre voluntad de un sujeto único y el acto criminal. La forma del juicio no favorece, tampoco, la producción de verdades históricas: el principio de contradicción, la proliferación de relatos y la imposibilidad de que los tribunales se basen en pruebas históricas fundamentadas en testimonios «de oídas» no contribuyen a ello (Douglas, 2000).

Incluso cuando su objeto es testimonial, como es en el caso de los juicios contra los negacionistas del Holocausto, los procedimientos judiciales tienen efectos políticos no deseados: los juicios que son contradictorios pueden enfrentarse a la necesidad legal de poner en duda los hechos y, en este caso, favorecer todavía más a las plataformas que niegan la existencia del genocidio judío. Más allá de las distorsiones infligidas a los hechos a través de las calificaciones jurídicas, también nos enfrentamos a sesgos políticos. Incluso el mencionado Holocausto, según los historiadores, ha dado lugar a una descripción ecléctica y dispar: cada juez aborda el genocidio desde un prisma particular, a menudo distorsionado (Marrus, 2000; Douglas, 2000). Seamos claras: lo que aquí pretendemos no es realizar críticas a la ley ni a los juicios contra los criminales políticos, sino verter un recordatorio de que estas limitaciones forman parte del funcionamiento ordinario de la esfera jurídica y que son, ante todo, una cuestión de derecho.

Otros observadores no esperan que estos juicios impartan, *per se*, lecciones de historia, sino más bien que propicien un mejor reconocimiento de las víctimas, cuestión ahora clave en las políticas de memoria. Sin embargo, como sucede con las comisiones de verdad, no está claro que los juicios tengan el poder de *curar* a las víctimas. Junto al hecho de que estas instituciones luchan por generar impacto en los foros nacionales, no debemos olvidar que las víctimas, en este escenario judicial, no son más que actores secundarios —aunque cada vez adquieran más relevancia, al menos en la Corte Penal Internacional—.

Los procesos penales, en teoría, sancionan las faltas cometidas contra el Estado, que, en nombre de la sociedad, ocupa el lugar de la víctima. En la mayor parte de los casos, la víctima, y sus familiares o representantes, detentan el papel de testigos privilegiados, aunque a veces sean ellos mismos los que instigan la celebración de juicios, como en el caso del proceso a Maurice Papon, o el de los juicios ruandeses que se organizaron en Francia bajo la presión de algunas víctimas. Por tanto, los juicios no son en realidad lugares de comunión con el sufrimiento de las víctimas. Pueden ser conmovedores, sí: pero la emoción está contenida. En general, se llora menos en las audiencias que en las salas donde se citan las comisiones de verdad. Las personas se contienen: el tribunal razona las emociones a través de su organización, sus rituales o la voluntad de propio presidente. Esta elusión de lo emocional es, en cierto modo, característica de los juicios penales: «Si la fe pertenece a la Iglesia, la Historia, ciertamente, pertenece a la academia. Cuando se utiliza el tribunal para dar lecciones de Historia, se corre el riesgo de que los juicios se transformen en "circos"».

Además, la búsqueda afanosa de lecciones morales suele conducir a la moralización del propio acusado como objeto único, cuando a menudo se trata de juzgar una criminalidad sistémica. Tal y como lo vimos en el caso de la enseñanza de la historia del *apartheid,* individualizar la responsabilidad de un crimen —fundamento de la justicia penal— puede llevar a un juez a pasar por alto que la causa de un crimen no reside *solo* en el propio individuo y su personalidad «trastornada». Los medios de comunicación, deseosos de extraer tales lecciones morales de los juicios, tienden también a atribuir la responsabilidad de los actos a individuos particulares —sometidos por el odio—, o a impersonales Estados. De este modo, le ahorran al ciudadano el brete de tener que confrontar sus actos pasados, pues, planteado de esa manera, el asunto nada o menos tiene que ver con ellos. Por ejemplo, cuando a nivel mediático se presentó el juicio de Auschwitz como un «memorial para las generaciones futuras [...] que enseña a no despreciar a los demás y a resistirse a la demagogia», se permitió, entre otras cosas, que la población alemana esquivara su responsabilidad conjunta por el genocidio que se cometió bajo el mandato del Tercer Reich (Pendas, 2000).

En cualquier caso, la popularidad de un juicio tampoco dice nada sobre si la población aprueba o no la verdad judicial. De hecho, su opinión puede ir de la mano de la indiferencia o de una percepción de la justicia como injusta. No obstante, esto no impide que la opinión pública que se tiene de los autores de los crímenes cambie rápido tras un juicio. Es el caso, por ejemplo, de los juicios de Núremberg, que, tras ser ampliamente aceptados por el pueblo alemán, fueron posteriormente cuestionados y criticados (Pendas, 2000). Llegadas a este punto, hay una pregunta que nos sobrevuela y cuya respuesta queda en el aire: ¿qué hay de disuasorio, y por tanto de preventivo, en una justicia penal que juzga solo a un hombre entre muchos, o a quien dio la orden en lugar de a la que la ejecutó? —Es importante señalar que esto no desvirtúa, *per se*, el resto de funciones de la justicia; en particular, las que se encargan de juzgar y sancionar los crímenes—.

Los juicios por la memoria como juicios ordinarios

Cuando los juicios están al servicio de las políticas de memoria, igual que fascinan a juristas, historiadores o a la élite periodística, pueden aburrir al ciudadano de a pie, desanimado, en general, por la lentitud de los sistemas judiciales. Si los analizamos con la misma lupa con la que lo hemos hecho con escuelas o museos, veremos que, de igual manera, entran en juego una serie de «expertos», a menudo profesionales, que tratan de captar la atención de un público atento, con la esperanza de poder proporcionarles armas para una eventual resistencia futura. Pero, a diferencia de los profesores o de los guías, movidos por la vocación de transmitir conocimientos, los actores judiciales deben respetar toda una serie de normas y rituales propios de su gremio. Basta con observar un juicio en su totalidad para advertir todas las controversias profesionales y enfrentamientos personales que se dan cita en la sala. Por ejemplo, los juicios a los colaboracionistas franceses permitieron que los historiadores reflexionaran sobre, y se enfrentaran a, las condiciones en las que ejercían su profesión en el espacio público. En particular, señalaron su inadecuación para ejercer el rol de *testigo* experto, siendo más ajustado el de *simple* experto (Rousso y Conan, 1996; Israël y Mouralis, 2000; Fleury y Walter, 2005).

Durante el juicio de Pascal Simbikangwa, condenado a veinticinco años de prisión por genocidio y crímenes contra la humanidad por dos tribunales franceses, los testimonios de las víctimas desempeñaron un papel relativamente secundario.[29] Por otra parte, durante el proceso, también se sucedieron los testimonios de varios expertos: psicólogos, historiadores y sociólogos de toda condición, al igual que profesionales ligados al derecho. De algún modo, al buscar su propia legitimidad, el juicio propició la institucionalización de un sector judicial especializado en materia de lucha contra los crímenes de la humanidad y de guerra. Bien es cierto que estos conflictos estaban envueltos en todo un entramado de lógicas morales y políticas —sobre todo, si tenemos en cuenta la participación de Francia en el genocidio ruandés, y la implicación de algunas figuras políticas que todavía estaban en el poder—.

De este modo, los jueces del Tribunal Penal Internacional por Ruanda integraron en sus sentencias imperativos diplomáticos que protegían la reputación de los Estados (Maison, 2017). No obstante, ante todo, son conflictos de naturaleza puramente profesional los que agitan estos organismos: entre escuelas de pensamiento, formas de concebir la profesión, metodologías, rencillas entre miembros de una misma institución... En el fondo, estos juicios nos *hablan* principalmente del sistema judicial, siempre impregnado de dinámicas de poder político. En este caso, los intercambios se producen entre profesionales del derecho, quienes juntos acaban produciendo una verdad dentro de su escenario profesional (Thomas, 1998). Aun así, más allá de estas particularidades, los juicios siguen siendo, en última instancia, ordinarios. Rachel Hughes ha utilizado este adjetivo para describir los juicios de los jemeres rojos en Camboya, que, no obstante, fueron singulares tanto por la naturaleza del crimen —genocidio—, como por la forma en que se llevaron a cabo —combinando derecho nacional e internacional—.

Si los juicios tienen un impacto relevante, más allá de cuánto afecten o no a los acusados y a las víctimas, es por la delgada frontera que separa lo jurídico de lo político. Es

29 Otros juicios ruandeses les darían un lugar preponderante.

cierto que son los magistrados y abogados quienes impulsan los procesos judiciales, pero, en realidad, son los gobiernos quienes los autorizan o les proporcionan el empujón decisivo, a menudo, demasiado tarde. Por ejemplo, tanto el gobierno israelí en el proceso Eichmann como el ejecutivo francés en el caso de Pascal Simbikangwa actuaron tras una demora de veinte años.

En cualquier caso, partidos políticos y militantes, representantes de las víctimas o miembros de organizaciones por los derechos humanos también desempeñan un papel fundamental. De hecho, las narrativas que se crean a raíz de sucesos violentos no son relatos que, en sí mismos, puedan servir de aprendizaje al público, sino que son, más bien, una reelaboración de estos relatos políticos legítimos que están basados en interacciones entre magistrados, historiadores, víctimas y gobiernos. A su vez, encuentran tanto su razón de ser como sus efectos en el orden de la política, entendida, en este caso, no como participación ciudadana —a la manera de la teoría republicana—, sino como una relación entre los ciudadanos y los poderes dentro de un área especializada. Sucede lo mismo a escala internacional: la Corte Penal Internacional forma parte de un complejo juego político de grandes potencias y países que siguen enzarzados en acusaciones (Lefranc y Mouralis, 2014).

Sea cual sea la herramienta memorística de la que hablemos, la reflexión sociológica plantea serias dudas sobre la fuerza que ejerce una acción voluntaria y entusiasta a corto plazo. Esto puede resultar evidente, pero nunca se explica ni se analiza. No se puede, en el breve espacio de tiempo de una clase de «ciudadanía», una visita a un museo o una vista judicial, persuadir a alguien para que aplique, sin haberlo hecho antes, un principio de tolerancia que tenga repercusión en todas sus acciones. En verdad, un educador solo es capaz de despertar en un niño los preceptos que la sociedad ya hubiese depositado previamente en él.

> Por la necesidad económica y social que imponen sobre un mundo relativamente autónomo de la economía doméstica y de las relaciones familiares, o más precisamente, por las evidencias específicamente familiares de esta necesidad extrema —formas de dividir el trabajo según los sexos, objetos domésticos, formas de consumo, relaciones paternofiliales, etc.—, las estructuras que caracterizan unas condiciones de vida particulares producen los *habitus*, que, a su vez, son la base de la percepción y apreciación de todas las experiencias posteriores (Bourdieu, 1980).

Así como es difícil deshacer los efectos de una educación rigurosa basada en la repetición de mandatos como «¡ponte derecho!», tampoco es posible intervenir en la predisposición natural de abrirse a los otros o de resistirse a la autoridad. El *habitus*, entendido como las disposiciones forjadas por la socialización, tendría la capacidad de resistir cualquier *invasión*: se opondría a ella con toda la fuerza de la inercia —a lo que los sociólogos llaman «histéresis»—. Esto favorecería que evitáramos ideas opuestas, y nos orientaría sobre qué lugares frecuentamos o evitamos, con qué personas socializamos o no, y cuánta atención —incluso— le prestamos a nuestro profesor. Si lo vemos desde esta perspectiva, los mandatos de tolerancia y de no herir al otro —incluso cuando se ha dado la orden de hacerlo— podrían parecer una especie de violencia simbólica.

Pero si observamos atentamente allá donde se apliquen las políticas de memoria, veremos que la interacción social es mucho más compleja, y que resulta estéril tratar de reducirla a un mero intento de influir sobre personalidades ya formadas. En realidad, lo que vemos son intercambios entre personas con *habitus* complejos, cuyas disposiciones se formulan y reformulan continuamente. Disposiciones, a su vez, nuevamente modificadas en el contexto de un acto conmemorativo, por ejemplo.

Lo que los profesores llevan a las aulas no es solo su gusto por transmitir el conocimiento, sino también sus convicciones políticas, su identidad social e, incluso, sus dudas sobre la función cívica que se espera de ellos. Del mismo modo, cuando los alumnos interpretan sus notas, cuán satisfechos están sus padres y profesores, su reputación a ojos de sus compañeros... lo hacen siempre a través de expectativas y pensamientos variables según el contexto. Incluso las víctimas citadas para representar el sencillo papel de hombres o mujeres afectados por la violencia que intentan superar su trauma, contradicen, de vez en cuando, su hoja de ruta. La pregunta que nos hacemos es inevitable: si las personas cambian con las interacciones, ¿cómo podríamos garantizar la perpetuación de actitudes pacíficas y de tolerancia?

III

¿Reformar individuos, movilizar ciudadanos? Efectos sociales y políticos de la memoria

Lo que importa no es tanto el contenido del mensaje, sino la relación que se establece con él.

Veyne, 2002

Las políticas de memoria no producen los resultados esperados y deseados. Esta es la conclusión a la que han llegado algunos de sus autores e impulsores. ¿Qué sugieren, entonces, ante este panorama desolador? Esperar, reforzar las medidas o cambiar la forma en que se llevan a cabo. Probar, quizás, con medidas que legislen cómo elaborar nuestro pasado, o añadir al entramado aplicaciones en dispositivos móviles que acerquen estos valores de forma más directa y cotidiana. Otros sectores, menos numerosos, señalan —y con razón— que esa invitación a respetar a los demás presupone una igualdad real en lo relativo al acceso a los recursos sociales, la educación, el empleo o la vivienda. Sin embargo, existen situaciones políticas que condicionan de forma desfavorable la propagación de estos mensajes de tolerancia: la crisis económica, el contexto en Oriente Medio, los recurrentes atentados terroristas, etc. En cualquier caso, son pocos los que cuestionan los principios de estas políticas, en particular la idea de que la exposición a contenidos conmemorativos conduce a la aceptación, incorporación y aplicación de valores éticos y cívicos.

Ahora bien, todos los datos con los que hemos trabajado hasta el momento sí nos sugieren que deberíamos poner en duda la validez de estos principios. Las políticas de memoria no enfrentan a los individuos con un pasado ajeno: vinculan a hombres y mujeres «de a pie» con una o más memorias, por supuesto; pero también con otras cosas. Estos hombres y mujeres «de a pie» lo son en el sentido de que, en el mismo momento en que forman parte de los que ven o escuchan, siguen *viviendo*. El material al que se exponen sobre el pasado les puede afectar y tener consecuencias: unos pocos, quizás, se conviertan en activistas, e incluso valoren cambiar de trabajo. Puede que queden genuinamente convencidos de la necesidad vital de ser tolerante y combatir, en caso de un conflicto abierto, la exclusión y la represión. Pero, de igual modo, es posible que este *click* no se produzca. Si ocurre, a menudo es porque hace *resonar* una sensibilidad previamente adquirida. En cualquier caso, las personas continúan viviendo *vidas paralelas* que varían según el contexto social: si están en familia o no, con amigos o con compañeros de trabajo; si están en una fiesta o en un barrio distinto..., y, por tanto, las reglas por las que se rigen, de tan distintas, pueden resultar contradictorias. Es por ello por lo que *no es extraño* que una persona «de a pie» se vea envuelta —estando conforme— en un grupo o contexto que, bajo el paraguas de la *simple* exclusión, lleve a otro conjunto de personas al exterminio.

Visualicemos mejor este fenómeno a través de un experimento de psicología social realizado a principios de 1970 en una Facultad de Teología de la costa este de los Estados Unidos. En este caso, los conejillos de indias eran personas creyentes, estudiantes de Teología, dotadas de una sólida cultura religiosa. Previo a la experiencia, estos sujetos habían leído la parábola bíblica del buen samaritano, que recuerda la importancia de la compasión. Sin embargo, llegado el momento, ninguno de ellos se detenía para ayudar a un hombre que yacía inmóvil en el suelo, tal y como sucedía en la alegoría. A no ser, claro, que fueran sobrados de tiempo para llegar a una cita importante de trabajo a la que se dirigían. Por tanto, no fue la bondad personal, ni las lecciones morales extraídas de la Biblia las que determinaron la conducta de estos individuos, sino el imperativo social del éxito (Darley y Batson, 1973). Podemos ser un modelo de virtud un día, en tal o en cual contexto social; o cobardes otro día, ante otro sector de la sociedad. Como vemos, la mayor parte de las veces resulta inútil confiar en el criterio de una persona que queremos que sea contraria a la intolerancia y a la violencia.

Por tanto, para identificar los auténticos efectos políticos y cívicos de las políticas de memoria, hemos de aceptar y reconocer que la memoria y sus ecos resultan *banales* por naturaleza. Estas políticas no crean *per se* buenos ciudadanos —entendidos aquí como personas tolerantes—. Pretenden llegar y cambiar directamente a las personas, y a través de ellas, a las sociedades. Pero sucede que los efectos que de verdad se producen son distintos a los que se esperan: son *indirectos*.

La influencia que ejercen las políticas de memoria no solo debe ser considerada en el marco de los espacios donde estas se despliegan —museos, escuelas, comisiones de verdad o tribunales—, sino en toda la red de relaciones que se ha puesto en marcha a partir de su creciente desarrollo, tanto en la sociedad francesa como en otros lugares. En el caso de Francia, la densidad y diversidad de estas relaciones, su capacidad para movilizar, desde 1970, actores creíbles y poderes legítimos, explican por qué una gran parte de sus ciudadanos se muestran reacios a manifestarse a favor de la tolerancia o contra el racismo y el antisemitismo.

No obstante, estos ciudadanos franceses se adhieren a los principios de las políticas de memoria y manifiestan su convicción de que es importante hablar del pasado para construir una sociedad democrática. En el marco de una encuesta de opinión realizada en 2014 entre población judía, se reveló que un 85 % de los encuestados se sentían «franceses como los demás», frente al tercio de 1946. Por otro lado, la condena judicial de los antisemitas se juzgaba como necesaria por el 86 %, contra un 76 % en 2012 (CNCDH, 2015).

Exploremos, pues, el arraigo de estos valores compartidos por gran cantidad de personas: ¿cuál es su capacidad para producir un comportamiento realmente tolerante? En adelante, trataremos de delimitar el carácter indirecto de los efectos de las políticas de memoria. Nos adentraremos en los mundos, las profesiones y los *espacios* de memoria que crean y refuerzan.

¿Es realmente posible reformar a los individuos?

Antes de volver al hecho de que las políticas de memoria producen efectos para los que no fueron diseñadas, merece la pena examinar los dos supuestos de estas políticas que refutan las ciencias sociales contemporáneas y que, probablemente, expliquen algunas de sus limitaciones.

Las políticas de memoria no educan a los individuos

Como hemos visto, la memoria y sus discursos no se aprehenden sin filtros ni interferencias. En las escuelas, los museos, las comisiones de verdad, los tribunales… pero también en la televisión, en el espacio público o, incluso, cuando hacemos turismo, los individuos *son* ciudadanos, o futuros ciudadanos, con todo lo que eso conlleva. Y es en esa condición en la que se reciben las lecciones y discursos por la memoria. No obstante, también son hijos o hijas, padres, madres, compañeros, colegas, vecinos, miembros de partidos políticos, organizaciones, asociaciones, etc. Resulta obvio pensar que todas estas posiciones sociales actúan como filtros a través de los cuales las enseñanzas transmitidas cobran sentido para cada individuo. Lo mismo sucede si aquello que se transmite es información sobre el pasado. Varias encuestas han intentado dar con una fórmula para medir el efecto que el pasado tiene sobre la conducta, independientemente de los dispositivos de memoria. Destacan la existencia de ciertos filtros que ya se encuentran presentes en los contextos donde los individuos entran en contacto con la información sobre el pasado. Tanto el género, el lugar de residencia o la pertenencia a una raza, por ejemplo, influirán, de alguna forma, en lo que retenemos o entendemos sobre el pasado.

Dentro de los «marcos sociales» de Maurice Halbwachs, la familia juega un papel fundamental (Halbwachs, 1994; Lavabre, 2000). De hecho, son las familias las que hacen perdurar «leyendas» o mitos que en el fondo resultan contradictorios. Pensemos, por ejemplo, en una familia de alemanes que, en sus reuniones, mantienen vivo el recuerdo de un abuelo admirable —sin mencionar su compromiso o simpatía por lo nazi— mientras que, de puertas para afuera, condenan con firmeza el Tercer Reich (Welzer, Moller y Tschuggnall, 2013). La socialización primaria tiene una «cualidad específica de firmeza» que la hace «más importante para el individuo», y que ayuda a explicar que sus efectos duren toda una vida, en particular porque recuerdan a las primeras emociones (Berger y Luckmann, 1992, citado por Darmon, 2010, p.69-70). Por otro lado, la escuela y el trabajo son menos afectivos: un colega o un profesor son más reemplazables que una madre. Es más fácil desprenderse de una corbata o de un traje si nos contratan para trabajar en una empresa, que del pudor de una desnudez que nuestros padres, y el resto, nos han hecho creer que es vergonzosa. Lo mismo sucede con la socialización política. Si bien la socialización primaria y el aprendizaje temprano no determinan las preferencias sobre unos u otros partidos políticos, sí forman una especie de plantilla o marco de interpretación, al menos cuando varios puntos de referencia de distintos ámbitos de la vida convergen.

Por tanto, las lecciones sobre el pasado no son unívocas. Nos apropiamos de ellas a través de los distintos, y cambiantes, marcos sociales por los que discurrimos como individuos. Pero, en cualquier caso, tampoco dejan —rara vez lo hacen— una huella imborrable. Esa creencia que presupone que las personas son por naturaleza homogéneas y coherentes a lo largo del tiempo forma parte de la base que fundamenta las políticas de memoria: lo que un alumno aprende en un curso de educación cívica lo convertirá en buen ciudadano. Ahora bien, modificando un adagio misógino, «a menudo los hombres cambian de opinión». Esto, que parece una frase hecha y de uso cuestionable, arroja algo de luz al asunto. De hecho, las ciencias que realmente se han interesado por lo social, o, dicho de otro modo, por la interacción entre personas más o menos imbuidas de hábitos y estructuras, lo han demostrado. Aunque el mencionado *habitus* y la cultura dotan de estructura a las personas, el comportamiento nunca es realmente predecible en su totalidad, a no ser que se «reeduque de forma masiva» (Shklar, 2002). La conducta de las personas no es tanto una exteriorización de las disposiciones, normas de conducta, preferencias políticas o principios morales que se encuentran en lo más profundo de su ser, sino una reacción que surge de la observación hacia los otros; sobre todo, hacia aquellos cuya opinión es importante o que se perciben como modelos. Es por ello que cada individuo ajusta sus propias disposiciones o creencias preexistentes en función de cómo los demás reaccionan a ella. De hecho, pocos *habitus* dictan un único comportamiento posible. Elegimos, entre varias, una actitud que se ajuste al rol que pensamos desempeñar en los distintos contextos que habitamos. Con esto en mente, es fácil comprender cómo, en la Francia de 1940, los diputados pudieron abdicar de todo el poder en favor de un régimen que, más tarde, colaboraría con la ocupación alemana —lo cual parece, a primera vista, un comportamiento totalmente irracional (Ermakoff, 2008)—, o cómo diputados que no eran revolucionarios en 1789, «se convirtieron» en rebeldes durante el curso natural de los acontecimientos» (Tackett, 1997). Parece, pues, que no hay valor moral o convicción ideológica que explique en su totalidad —o incluso solo en parte— las decisiones que las personas toman en su día a día.

Este planteamiento socava la idea de coherencia personal, tan necesaria para el bienestar psicológico —sobre todo en sociedades tan individualizadas como la nuestra—. La personalidad moral es una racionalización que se evalúa y revisa en cada interacción, y que a veces se pone a prueba de verdad cuando el individuo sale de su zona de confort (Doris, 2008). Incluso las lecciones más recordadas pueden ser puestas en entredicho:

> [...] los seres humanos son capaces de hacer coexistir con facilidad y de forma paralela puntos de vista y comportamientos distintos, ambivalencias profundas, contradicciones extremas... en todo aquello que sienten, piensan y hacen [...]. Es un error fundamental generalizar —hasta considerarlo un rasgo de personalidad— la conducta de un ser humano en una situación determinada; se trataría de averiguar, por el contrario, qué interpretación de la situación en la que se encontraba fue la que le llevó a hacer lo que hizo (Welzer, 2007).

Ante este panorama, ¿qué hace que un mandato moral sea eficaz? Ya hemos visto que la naturaleza social de los seres humanos consiste en decir «blanco» o «negro» según la situación a la que se enfrente. Esta propensión a contradicción es, si no algo inherente al ser humano, al menos una forma de naturaleza social reforzada por la diferenciación de nuestras sociedades. Es decir: por el hecho de que nuestras vidas nos llevan, en la actualidad, a frecuentar una gran variedad de entornos que, en gran medida, son autónomos entre sí. Los momentos en que convergemos hacia espacios de referencia más simples y homogéneos suelen ser escasos y breves (Dobry, 1986).

Esto no significa que no existan valores universales compartidos en nuestros diferentes entornos vitales: tanto nuestros amigos, nuestros padres, como nuestros compañeros de trabajo, por ejemplo, nos instan a ser educados y respetuosos. En verdad, son nuestras sociedades diferenciadas, que permiten normas de comportamiento locales, propias de cada mundo social, las que más uso hacen de estos valores, pues además son funcionales y pueden aplicarse en multitud de casos concretos. En Francia, por ejemplo, se transmiten particularmente a través de escuelas laicas y republicanas. Los valores relativos a las políticas de memoria —tolerancia, empatía— se encontrarían dentro de estos valores universales. A lo largo de las últimas décadas, su presencia se ha ido imponiendo, con mayor o menor fuerza, en muchos círculos sociales. En ese sentido, nos resultaría extraño, y violento como poco, escuchar hoy en día discursos públicos que, por ejemplo, instaran a actuar con dureza y desprecio frente a los inmigrantes —al menos de forma explícita, como decíamos—.

Pero ¿significa esto que los valores compartidos son normas que se aplican en todo momento en todas partes? ¿Se expresan siquiera con una intención de aplicación real? Como ha demostrado el sociólogo citado anteriormente Erving Goffman, cuando hablamos de la moralidad, es el marco situacional, y no tanto la integración de las normas, lo que determina el comportamiento. Las ciencias sociales han mostrado que, si nos preocupamos demasiado por ser honestos, nos perdemos el dinamismo que radica en el corazón de toda acción social. Desde este nuevo punto de vista, ya no asumimos que las personas se adhieren profundamente a lo que dicen, piensan o hacen. O, mejor dicho, ya no nos sorprende que alguien actúe en un ámbito de determinada forma —ya sea con auténtica o relativa honestidad—, y luego haga lo opuesto en otro distinto. Las interacciones sociales surgidas de este humano arte que es *ju-*

gar juntos, en un momento y lugar determinados, son más importantes que los valores morales a la hora de determinar una conducta. Por tanto, es este propósito de lograr una alineación de comportamientos, más que una coherencia entre acciones e intenciones, lo que hace que las políticas públicas sean eficaces. Basándonos en este planteamiento sociológico, reflexionemos sobre cuál puede ser la eficacia auténtica del mandato promulgado por las políticas de memoria: «Recordar el pasado para no repetirlo nunca más».

¿Son suficientes las lecciones sobre el pasado cuando te entregan un arma para matar?

Volvamos, pues, al segundo supuesto de las políticas de memoria, que además es muy revelador para observar las propias limitaciones: la huella que hayan dejado las «lecciones del pasado» en los ciudadanos se reactivará cuando la situación lo requiera. Bajo este supuesto, aquella persona que haya adquirido el valor de la tolerancia a raíz de exponerse al recuerdo de un pasado violento protestará —ojalá— contra la exclusión, dando igual si se produce en un círculo familiar o en la misma calle. Asimismo, boicoteará —debería— la incitación al odio y a la propaganda. ¿Cómo? Por ejemplo, expresando su repulsión al ver a sus vecinos retratados como ratas o cucarachas, como pasó durante el Holocausto o el genocidio de Ruanda; apagando la radio que inste a matar al otro, como cuando la emisora Mille Collines hizo un llamamiento para asesinar a los tutsis ruandeses en 1994. Cuando se mire al espejo, esta persona se negará a convertirse en una asesina. No sabe si podrá formar parte de los «salvadores» o «los Justos», pero al menos sabe que podrá decir «no».

Nada más lejos de la realidad. Por ejemplo, cuando Estados Unidos intervino en Irak en 1991, el conflicto propició una serie de analogías históricas entre los ciudadanos estadounidenses. Muchos de ellos «reconocieron» la guerra de Vietnam en la nueva operación militar de su país. Esta analogía compartida suscitó, no obstante, comportamientos muy distintos en relación al conflicto: de la condena radical al apoyo incondicional (Schuman y Rieger, 1992).

Lo que se ha dicho sobre la vida cotidiana en situaciones pacíficas no pierde validez ante realidades de violencia y guerra. De hecho, hay motivos para cuestionar la claridad entre las fronteras delimitantes entre la guerra y paz, ya que ambas implican procesos y solidaridades sociales de carácter similar (Richards, 2005). No obstante, incluso si partimos de unas circunstancias excepcionales, «de crisis», no podemos presuponer que las opciones de las que dispone un individuo —convertirse en asesino o en salvador, por ejemplo— vayan a reducirse de forma drástica, dado el amplio abanico de posibilidades existentes dentro de múltiples identidades y roles, y de las circunstancias, también múltiples, en las que se manifiestan (Dobry, 1986). La guerra solo puede contarse *a posteriori*, en términos del bien y del mal, y bajo la lupa de lo que es moral o amoral. Los relatos que relacionan las actitudes frente a la violencia con la adhesión o rechazo a una ideología que incita al odio, con el imperativo de salvar la vida propia ante una autoridad, o incluso con los intereses económicos, son simplificaciones exageradas. Incluso los poderes más tiránicos dan la posibilidad de elegir (Hibou, 2011). El odio y la codicia material no son ni los únicos, ni los principales ingredientes de un genocidio. Es por eso que la solidez de las lecciones del pasado solo puede ponerse a prueba en momentos históricos que son, por supuesto, extraordinarios, pero que, al igual que las situaciones más banales, llevan a las personas a actuar de acuerdo con la percepción de sus iguales, teniendo en cuenta tanto su conducta como los mandatos de quienes ostentan el poder (Milgram, 1994).

Así pues, la guerra no puede evitarse, aunque se garantice primero que los habitantes de un país sean ciudadanos colmados de virtudes. O lo que es lo mismo: «buenos ciudadanos».

En el fondo, las guerras y los genocidios se producen por la concatenación o yuxtaposición de miles de decisiones tomadas por personas: ciudadanos de a pie, vecinos, médicos o conductores de autobús. Estas son, inicialmente, pequeñas decisiones triviales —protestar u ofenderse frente a un chiste racista, por poner algún ejemplo— que van situándonos poco a poco en el rol de testigos pasivos. Cuando se pide a los ciudadanos que odien o maten, aquellos que deciden hacerlo —nunca es fácil, siempre es una elección y, por tanto, una responsabilidad— actúan dentro del marco de una situación concreta. Es entonces cuando dan con la manera de racionalizar sus actos, haciéndolos coincidir con lo que buscan destacar de sí mismos y de sus roles en la sociedad. No es de extrañar, pues, que los testimonios de los asesinos estén plagados de referencias al «trabajo bien hecho», la camaradería, la devoción patriótica, etc.

Harald Welzer, siguiendo a Christopher Browning, muestra esto mismo en relación al «genocidio a balazos» llevado a cabo por batallones de reservistas bajo la sombra del Tercer Reich. Recordemos que los Einsatzgruppen —unos tres mil hombres enviados al Este desde julio hasta finales de 1941— mataron a sangre fría a medio millón de personas, entre ellas judíos (Browning, 1999; Welzer, 2007; sobre la misma cuestión, Goldhagen, 1997 o De Swann, 2016). Sin embargo, no fue el odio antisemita por sí mismo lo que los llevó a cometer estos asesinatos. Cabe la posibilidad, incluso, de que estos hombres no odiaran a nadie. Lo cual no significa que el antisemitismo no llegara a convertirse en norma social generalizada en el transcurso de pocos meses, a través de pequeños actos cotidianos de acatamiento o indiferencia. Y si así fue es porque se alimentó de muchos valores morales más antiguos como, por ejemplo, las normas aristocráticas no igualitarias, la dignificación que da el trabajo, el humanismo o el sentido de «corrección». Pero solo un veredicto *retrodictivo*, es decir: que tome el fin de la historia como un resultado necesario, o como una sucesión de acontecimientos como una relación causa-efecto (Dobry, 1986), podría atribuir los crímenes nazis a una «cultura de guerra» o a una intolerancia generalizada por parte de la población alemana. En este contexto, en el que se evolucionó rápidamente de una lógica de exclusión a otra de exterminio, la situación inmediata fue en gran medida responsable de la acción individual. De igual modo, las relaciones con los compañeros fueron decisivas, cultivadas por un ánimo compartido y la potente sensación de pertenencia a un grupo —unido por una vida en común, el alcohol, el sentimiento de cumplir un deber y la experiencia compartida de violencia organizada—. Al fin y al cabo, se trataba de hombres corrientes, ni particularmente adscritos a una ideología ni experimentados en combate, que antes de la guerra —y a menudo también después, si una amnistía les evitaba la cárcel— eran «buenos» maridos, «buenos» cristianos y «buenos» trabajadores.

Las personas que fueron captadas por las autoridades políticas o militares pudieron matar, aunque no sintieran odio *per se*, a aquellos con quienes habían compartido silencios y miradas. Las ejecuciones, bajo su propio juicio, les habían deshumanizado por completo. Al matar, lo hicieron a pesar de sus creencias humanistas o principios morales. O peor aún: fueron estos propios principios, el deseo de preservar la imagen moral de uno mismo, lo que los llevó a asesinar o, de forma paradójica, a recordar a otros el mandamiento de «no matarás». Por ejemplo, un reservista del ejército enviado el frente oriental para fusilar judíos de forma masiva, contó que actuó por «humanidad» cuando disparó a niños para evitar que los separaran de sus madres:

> Lo intenté y pude hacerlo. Me refiero a disparar solo a los niños. Sus madres los llevaban de la mano. Mi compañero les disparaba a ellas y yo dispara a sus hijos, quienes, tal y como me decía, no podrían sobrevivir sin su madre. Aquello tranqui-

lizaba mi conciencia, por así decirlo: el liberarlos del hecho de quedarse huérfanos (Browning, 1999).

Estas mismas ideas, tan esencialmente perturbadoras —también para nosotras— arrojan algo de luz sobre lo que ocurrió en Ruanda entre abril y julio de 1994: el genocidio de cerca de un millón de tutsis, y el asesinato de hutus moderados u opuestos a la matanza. Durante mucho tiempo, las explicaciones se centraron principalmente en señalar la fuerza de un ancestral odio étnico y de la manipulación política. Desde esta perspectiva, los hutus mataban espontáneamente, por afán de venganza y por odio. Por su parte, los campesinos, soldados y militares lo hacían por cuestiones de sumisión o adoctrinamiento. Posteriormente, sociólogos, antropólogos e historiadores demostraron, apoyándose en escrupulosas investigaciones empíricas, que estas interpretaciones eran erróneas. En realidad, las identidades étnicas eran más flexibles de lo que parecían, por lo que el odio no era un factor tan importante. El genocidio ruandés fue una acción política bien organizada, ejecutada por un amplio abanico de actores involucrados: soldados, militantes de base, burgomaestres, eclesiásticos, o simples líderes locales. No obstante, la apropiación particularista de la política estatal, sumada a motivaciones e interacciones inmediatas, fue la que le confirió su «eficacia» final, completamente inimaginable (Fujii, 2009). Los asesinos estaban incrustados en contextos locales, donde amplificaban y renovaban su interacción con los otros (King, 2012). Dicho de otro modo: no necesitaron adherirse a la propaganda de odio del gobierno para ejercer la violencia (Fujii, 2009).[30] Todos, asesinos y no asesinos, conservaron la capacidad de actuación a sabiendas de la pluralidad del mundo. Podían matar a un tutsi, convencidos de estar asesinando a un enemigo o a un ser inferior y, al día siguiente, perdonarle la vida. Otros, también, podían

30 Otros ejecutores fueron, por supuesto, los ideólogos (Delpla, 2011).

asesinarlo a sabiendas de no estar matando a ningún enemigo ni a ningún ser inferior. Durante el exterminio, un mismo individuo podía matar un día a un tutsi, en presencia de sus «camaradas», y al día siguiente salvar a otro en su ausencia (Fujii, 2009).

No obstante, podría argumentarse que las lecciones del pasado, o más ampliamente «las convicciones morales», llevaron a intervenir a los «salvadores». Es decir: las personas que, a diferencia de los «ejecutores» estudiados por Welzer, ayudaron a judíos o a tutsis a sobrevivir. Los actos de solidaridad durante el Holocausto han intrigado profundamente a los investigadores, quienes buscan entender su motivación profunda. En el estado actual, por resumirlo brevemente, esta incógnita se resuelve de dos maneras distintas. Las convicciones sobre los judíos carecen de valor explicativo, pues muchos convencidos antisemitas, a veces públicamente militantes, llegaron a prestar ayuda en operaciones de rescate a gran escala (Andrieu, Gensburger, y Sémelin, 2008). Fueron los factores relacionales y situacionales, como ya hemos señalado reiteradamente, los que determinaron estas conductas. Por otro lado, los rescatadores podían proceder de cualquier estrato social. Sin embargo, tenían en común que la mayoría ocupaban posiciones relativamente marginales dentro de sus propios grupos sociales —a nivel familiar, profesional, religioso, etc. (Tec, 1986)—. Es más: para convertirse en «buenos samaritanos», estas personas, ajenas a su propia esfera, a menudo tenían que verse en la situación de poder salvar o rescatar. Es decir: que alguien les pidiera ayuda (Varese y Yaish, 2000).

Lo mismo sucede con el caso de Ruanda. Los salvadores más activos estaban motivados no tanto por el afecto —ese famoso *compromiso emocional* que las políticas de memoria se supone que activarán cuando sea necesario—, como por la preocupación por unos valores universales ausentes. Aunque estos puntos morales de referencia solo pudieron activarse porque estas personas se encontraban en una posición de relativa independencia con respecto a otros individuos —sus seres queridos en particular—. Más que otras personas, estos salvadores compartían el hecho de sentirse con el derecho a rechazar cualquier interacción. Aquí, sus brújulas morales solo se ponían en marcha gracias a una libertad para actuar e interactuar, o para no hacer ninguna de las dos cosas (Fujii, 2009).

Así pues, una de las características comunes de quienes ayudaron a personas en peligro, en Ruanda y en Europa durante la Segunda Guerra Mundial, son el individualismo, o el sentimiento de ser diferente, la integración social imperfecta o la preferencia por amistades más fuertes y selectivas. Aunque a veces ocurría todo lo contrario, y sus acciones se debían, principalmente, a un firme compromiso con un entorno social entregado a la causa de la ayuda humanitaria (Tec, 1986; Monroe, 2004). Por el contrario, las investigaciones han demostrado que los asesinos solían ser muy sociables; más que los salvadores, en cualquier caso (McDoom, 2014). Teniendo esto en cuenta, ¿deberíamos educar a nuestros hijos para que rehúyan la integración social o, incluso, para que sean misántropos? Este ensayo no es el lugar apropiado para reflexionar sobre pedagogía. Contentémonos con subrayar que estas conclusiones, establecidas en el contexto específico del comportamiento social durante genocidios, aportan algo de luz sobre un mecanismo ordinario.[31] Repitámoslo una vez más: para reactivar la huella que dejan sobre nosotros las lecciones del pasado, estas deben accionarse en contexto, pues están insertas en una red compleja e ineludible de relaciones sociales.

El poder político de las políticas de memoria

Las herramientas de las que se sirven las políticas de memoria, como hemos señalado, no pueden influir directamente en el comportamiento social ni crear, en sí mismas, mejores ciudada-

31 Michaël Pollak (1990) lo ha puesto de manifiesto de forma clara y pionera, en el caso de la experiencia de las mujeres en el campo de concentración Auschwitz-Birkenau.

nos. Entonces, ¿por qué seguir haciendo uso de estas políticas? Es cierto, sí: tienen un efecto, pero este se da bajo el funcionamiento de otro mecanismo distinto: su poder es sobre todo político, en el sentido más amplio del término. Las políticas de memoria crean un área de recursos e interés que atrae a un número creciente de figuras cada vez más diversas. Al hacerlo, generan apoyo y proporcionan a la frase «recordar el pasado para no repetirlo» una fuerza social que se extiende a distintos ámbitos.

Por otro lado, queremos resaltar que no tratamos de denunciar el oportunismo de ningún grupo en particular: ni de los judíos, ni de los descendientes de esclavos, ni de los profesionales implicados en el turismo de la memoria o en la educación cívica —como se retrató recientemente en una mordaz novela satírica sobre la «competencia» visible entre víctimas y profesionales del Holocausto, donde el hijo de presidente del Washington Memorial era, a su vez, el director de una consultora llamada Holocaust Connections (Reich, 2014)—. Lo que sigue no busca pronunciarse sobre estos hechos. Una vez más, nos hacemos a un lado.

A lo largo de este ensayo, hemos insistido varias veces en que ningún ser humano es tan simple como para tener una motivación unívoca y, por otra parte, en que ninguna sociedad es lo bastante homogénea como para acogerla. Se trata, sencillamente, de demostrar que los mecanismos de interés y movilización que acompañan al desarrollo de estas políticas de memoria son también procesos sociales ordinarios y, es más: la mejor garantía para la eficacia de estas políticas —más todavía que su innegable validez moral—.

En el caso del desarrollo de la memoria del Holocausto, Peter A. Meyers ya intuía dicho mecanismo. Mientras otros hacían hincapié en el papel impulsor desempeñado por las élites judías, él reiteraba que la vida social no podía reducirse a meras estrategias. En su opinión, una propuesta —en este caso, el *leitmotiv* «recordar el pasado para no repetirlo»— no se impone porque la apoye un grupo, sino porque interesa a otros grupos.

Incluso aunque el interés surja de un malentendido. Podemos expresar opiniones sin que nos lleven necesariamente a la acción; lo único que dicen de nosotros es que estamos comprometidos en un intercambio, aquí y ahora. Por ello, las políticas de memoria funcionan como lugares comunes (Meyers, 2001), y aunque a veces se implanten de forma poco honesta y torpe, siempre facilitan, ante todo, el encuentro entre personas de mundos distintos. Lo que a un moralista le puede parecer un mal uso, o incluso una apropiación indebida por parte de grupos no autorizados, es, para nosotras, la naturaleza esencial de las políticas de memoria. El lugar donde radica su fuerza.

Los efectos relacionales de las políticas de memoria

Si viajamos al pasado, a un país o ciudad totalmente distintos, y después volvemos al presente, seguramente lo miremos todo desde otro prisma; con una perspectiva más amplia. Paul Veyne, historiador de la antigüedad, nos invita a emprender este recorrido. Nos lleva hasta Roma, muy cerca del Coliseo, para que observemos la columna de Trajano, inaugurada en el año 113. A primera vista, este monumento parece narrarnos la victoria sobre los dacios mediante un bajorrelieve grabado en espiral en su fuste de treinta metros de altura. Sin embargo, en realidad la columna no cuenta *nada*, porque nada puede leerse de lo que está escrito en ella: el bajorrelieve está grabado a tal distancia del suelo que sus palabras resultan ilegibles al ojo humano. Los turistas que hoy pasean por el Foro de Trajano levantan la vista en vano, pero al estar atravesados por las políticas de memoria contemporáneas, creen que lo escrito ahí arriba ha de leerse, comprenderse y recordarse para que nos guíe a la acción. Una acción bélica, sin duda de corte nacionalista, por parte del Imperio romano.

Ahora bien, Paul Veyne nos alienta sagazmente a mirarla mejor, lo cual implica, de forma paradójica, renunciar a observarla más de cerca e intentar leer algo en ella —a fin de cuentas, sus inscripciones carecen de importancia—. Si hacemos este ejercicio, comprenderemos mejor lo que nos *dice*. Su altura, casi tocando el cielo, representación de la majestuosidad del poder, advierte de que lo allí escrito no tiene por qué leerse (Veyne, 2002; 1985, 1990). La columna de Trajano no se construyó para ser «leída», ni para instruir, recordar a los muertos o celebrar a un emperador triunfante. Ni siquiera se erigió para ser contemplada. Su existencia, como la del Partenón y la mayor parte de los grandes monumentos romanos, es un recordatorio de que el Imperio no necesita ser conmemorado. Su poder es evidente. Por tanto, leer o buscar en ella la confirmación de una victoria sería poner en duda esa obviedad. Estos monumentos forman parte de lo que Paul Veyne llama la pompa o el fasto —*apparat*—: un poder que se muestra como «ilegible» porque la convicción de su legitimidad ya ha quedado demostrada. Es lo contrario de la propaganda, cuyo objetivo es convencer. Los regímenes «débiles», aquellos que permiten que sus ciudadanos puedan distanciarse del Estado, buscan persuadir a través de la propaganda. No obstante, en sociedades democráticas —o al menos no totalitarias, como muchas de las europeas actuales—, la propaganda frecuentemente fracasa, o tiene solo una validez temporal y limitada (Lazarsfeld *et al.*, 1948).

Esta reflexión sobre la columna de Trajano podría ayudarnos a esclarecer cómo funcionan nuestras políticas contemporáneas de memoria, que, en cierto modo, nos recuerdan más a la propaganda, al constituir símbolos que enarbolan un poder «débil» al que no le queda más remedio que ser legible y transparente para su público. El discurso de una autoridad política, ya sea insistiendo, como es el caso, en la importancia moral del pasado o, en otro contexto, en la relevancia económica de la austeridad presupuestaria, no comporta ningún efecto directo duradero. La influencia sobre los ciudadanos emana, de forma indirecta, de la aceptación de su contexto: el mundo social de cada persona, es decir: el juicio relativamente coincidente, pero siempre sujeto a cambios, de sus grupos sociales de referencia. En este sentido, las políticas de memoria solo son eficaces cuando nadie cuestiona su validez; cuando los grupos de referencia convergen lo suficiente, frente a otros que divergen, como para proporcionarles una fuerza vinculante que no tienen por sí mismas. La conclusión que extraemos podría resultar trivial o demasiado obvia, pero nos lleva a revisar la forma en que actúan los políticos: lo decisivo no es su capacidad para convencer de forma sincera, sino su poder para hacer que todos, o casi todos, digamos lo mismo aun cuando no creamos ni una sola palabra. Este fenómeno que señalamos ya lo han demostrado las ciencias sociales: la política no va de eficacia real y genuina: su poder reside en crear una ficción eficaz.

Por lo tanto, un precepto conmemorativo puede no estar ahí para ser leído, comprendido o aprendido. Puede existir para materializar y, en su caso, consolidar una relación política preexistente. Esto significa, como ya hemos ido contando, que debemos fijarnos menos en el contenido de las políticas, y más en los grupos e individuos a los que implican. «Lo que importa no es tanto el contenido del mensaje, como la relación que se establece con él» (Veyne, 2002). Como señalaba Lavabre, las políticas de memoria no tienen tanto que ver con el contenido transmitido, sino con las relaciones que se establecen en el presente entre los diferentes actores que participan de ellas: profesores, profesionales de los museos, empleados de organizaciones internacionales, activistas que representan a las víctimas, terapeutas, abogados, políticos, expertos en otras causas y muchos otros. Son estas interacciones las que contribuyen de manera decisiva a configurar las políticas de memoria, la verdad que quieren contar y los programas que definen los modos de transmisión. En definitiva, su poder radica en estas relaciones.

La memoria nos clasifica: el ejemplo del estatus de víctima

La eficacia de estas políticas reside, ante todo, en la atribución de identidades, nombres, funciones y estatus que surgen a partir de su aplicación. Tanto es así, que Ian Hacking habló, incluso, de la eclosión de un «poder conmemorativo» —*memoro-power*— en Estados Unidos (Hacking, 2006). Ilustremos esto con un ejemplo: la aparición del Holocausto como norma moral en los años 60, ha contribuido en gran medida a consolidar una categoría de víctima en muchos países (Alexander, 2002). Por un lado, cualquier referencia al pasado se ha vinculado a situaciones del presente, como los movimientos feministas o aquellos que combaten los sistemas represivos (Lefranc, 2006b). Por otro lado, las víctimas, si es que pueden expresarse, cuentan con el derecho a narrar su propia historia, a testificar y a participar en la escritura de la Historia ante comisiones de historiadores, parlamentarios o comisiones de verdad. Este escenario actúa bajo mecanismos transversales y transnacionales, rastreables de manera casi idéntica en la gestión de atentados o catástrofes naturales, solicitudes de asilo, en el sector de la ayuda humanitaria o en las políticas posconflicto que se sirven del pasado como palanca que impulsa al país hacia un presente conciliador (Revet y Langumier, 2013).

A veces, el término «víctima» va de la mano de un estatus que permite, por ejemplo, obtener prestaciones administrativas o apoyo psicológico, o de un papel en el ámbito jurídico, nacional e internacional, que hasta hace poco todavía les otorgaba un rol muy secundario. Esta categorización suele dar lugar también a derechos y deberes, que, si bien no se integran en los códigos penales, son cada vez más reivindicados, como el «derecho a la verdad», el «deber de recordar» o el «derecho a ser olvidado» (Naftali, 2013). Desde esta perspectiva, el mandato de recordar el pasado violento y aprender de él ha sido muy eficaz. Bajo su paraguas, se han creado nuevos títulos y recursos, definidos y apoyados por las leyes, comisiones *ad hoc* y administraciones ordinarias. Incluso, tal vez, este mandato haya «derrocado» a las interacciones cotidianas de naturaleza «heroica» que antes permitían a las personas ascender en la escala social y generar admiración. Y es que, ahora estas interacciones están más vinculadas que nunca a las exigencias de compensación tras una experiencia traumática. En definitiva, «el descubrimiento de la memoria dolorosa es un importante fenómeno antropológico de las sociedades contemporáneas» (Fassin y Rechtman, 2009).

No nos cabe duda, pues, de que las políticas de memoria han contribuido a consolidar la posición de ciertas categorías, entre ellas la de víctima (Gensburger, 2010). Algunos autores han subrayado varios fenómenos que se han dado como respuesta a este estatus: la «competencia entre víctimas» y las «contramovilizaciones» (Chaumont, 1997; Grandjean y Jamin, 2011). Los «purgados» en Francia tras la Segunda Guerra Mundial, por ejemplo, plantearon reivindicaciones que recordaban a las de los combatientes de la resistencia comunista (Baudinière, 2008). Los soldados en Argentina y Chile caídos en el campo de batalla de *guerras* que en realidad no sucedieron —básicamente, porque no eran más que pura represión policial—, hablaban de su causa en los mismos términos que lo hacían los familiares de los «desaparecidos» a manos de otros soldados. Pero, en esencia, lo que hacían estos enfrentamientos era mostrar, más allá de las estrategias e intereses propios de cada grupo, el auténtico poder de estas políticas de memoria: habían creado, sin saberlo, un espacio de interés y de recursos. El asunto de la confrontación, por su parte, no es algo nuevo. Sucede también cuando se evocan públicamente recuerdos íntimos. Si, por ejemplo, se denuncian casos de abuso e incesto mucho tiempo después de que sucedieran los hechos, las declaraciones de las víctimas siempre suscitarán polémicas, que derivarán en la formación de asociaciones o «contrasociaciones», como la Fundación del Síndrome de la Falsa Memoria, estudiada por Ian Hacking en 2006.

No obstante, sería un error pensar que estos procesos pueden reducirse a meros enfrentamientos por alcanzar el reconocimiento, que solo pueden resolverse bajo el prisma de lo moral o lo político. Las reivindicaciones de las víctimas no son una expresión directa de su trauma: suponen la formación de un grupo y la formulación de una denuncia. Seguir este camino es una acción política sujeta, a partir de ese momento, a normas ordinarias que subyacen a la esfera política. Aunque el respeto a las víctimas se ha convertido en un deber social, este no las ha liberado del peso de las limitaciones políticas y sociales ordinarias (Lefranc, Mathieu y Siméant, 2008; Célestine, 2012).

Está claro que los políticos no solo pueden atender a las víctimas. Ayudarlas, o no hacerlo, no debería obedecer a las exigencias de su conciencia moral, pues las de memoria son políticas como cualquier otra. Resuelven cuestiones de política exterior que a veces son muy conflictivas. Por ejemplo, los casos de jurisdicción internacional que se tramitan actualmente en los tribunales galos, proyectan, en relación al controvertido papel de Francia en el genocidio de los tutsis ruandeses, para bien o para mal, una alargada sombra sobre la reputación y la carrera de políticos de renombre como François Mitterrand, Alain Juppé o Hubert Védrine. La ley de reconocimiento del genocidio armenio, votada el 29 de enero de 2001, suscitó en su momento disputas similares con Turquía. Así pues, las relaciones internacionales están llenas de enfrentamientos entre Estados, abierta o veladamente, que nacen o se reavivan por una cuestión de memoria (Rosoux, 2001).

Pero también hay espacio para la luz. En otros contextos, las políticas de memoria brindan la oportunidad de que se produzca un acercamiento inesperado. Las instituciones de justicia transicional, como las comisiones de verdad, han facilitado a menudo la reconciliación entre antiguos enemigos. Por ejemplo, entre partidos políticos ansiosos por dejar atrás la amenaza de otro golpe militar, élites blancas y negras sudafricanas, la monarquía y los opositores islámicos o de izquierdas en Marruecos, o gobiernos que luchan contra guerrillas y sus aliados izquierdistas en Colombia.

Incluso la política «a pequeña escala» se alimenta de los dispositivos de memoria; sobre todo, si tenemos en cuenta que a menudo las normas memoriales son esgrimidas en contra, o por, figuras con poco poder o que se encuentran al margen. Por ejemplo, la ley por la que se reconoce el «papel positivo» de la colonización francesa no fue un «guante» lanzado por Francia contra las antiguas colonias y sus ciudadanos, sino la expresión de la ambición de un puñado de diputados derechistas que, al margen de sus partidos, buscaban destacar por encima de todo (Bertrand, 2006). Del mismo modo, los intentos por redefinir la esclavitud como crimen contra la humanidad están asociados a una convergencia de movilizaciones de representantes comunistas y de asociaciones antillanas (Michel, 2015).

A veces, quienes son percibidos como opositores a la «obsesión francesa» por recordar, o que se personifican como tal, terminan convirtiéndose en sus portavoces. Signo de la plasticidad que tiene como etiqueta. Por ejemplo, Nicolas Sarkozy, durante su campaña, atacó el supuesto gusto de Francia por el «arrepentimiento», para acabar convirtiéndose, tiempo después, en un presidente cuyas propuestas remaban en esa dirección (Lefranc, en de Cock, Madeline, Offenstadt y Wahnich, 2008). No fue el único. En 2015, también Marine Le Pen, presidenta de un partido percibido por muchas personas como un peligro para la memoria, denunció enérgicamente «el desprecio y la actitud despreocupada hacia el deber de memoria» ante el Parlamento Europeo, y pidió que se respetara la festividad francesa del 11 de noviembre antes de abandonar el hemiciclo.[32]

Queda claro, pues, que tanto las víctimas como su dolor están muy presentes en el actual panorama político. Podríamos decir, incluso, que las políticas de memoria funcionan como altavoz para ellas. Sin embargo, a veces también se ven implicadas en transacciones y connivencias que no tienen tanto que ver con su causa, y que pueden dañarlas de manera colateral. En paralelo, desde el mundo académico, cuando se invita a estas víctimas a escribir sobre su propia historia-memoria, las

32 El 11 de noviembre se conmemora el armisticio que puso fin a la Primera Guerra Mundial *[Nota de los traductores]*.

ciencias sociales aplauden el fin de la dominación del relato del verdugo, pero también se cuidan mucho de defender su propio monopolio sobre la escritura de una Historia que debería ser objetiva y común. Estas tensiones se resuelven a menudo cuando la víctima adopta el rol de «buena»: si bien acepta que la historia ha de ser objetiva —o al menos que tengan cabida los relatos de los demás, otras víctimas o incluso verdugos—, sigue siendo razonable en sus reivindicaciones y en su forma de expresar el dolor. En este sentido, muchos historiadores y filósofos reconocidos han insistido en la necesidad de pasar de una memoria privada a una memoria pública; de convertir el «ruido» de una denuncia en un lenguaje ético-jurídico que sea comprensivo y conciliador, que no promueva conceptos estancos de identidad. Nos basta con citar a Tzvetan Todorov, quien, como ya hemos mencionado, contrapone una «memoria ejemplar», que guía para la acción futura, con una «memoria literal», que permanece encerrada en el pasado y en la narración: «El culto a la memoria no siempre sirve a las buenas causas [...] puede ser la expresión del conservadurismo y de la sobrevaloración de la identidad [...] hay un mérito innegable en que la desgracia propia, o la de los seres queridos, pase a convertirse en una desgracia para un grupo, que no reivindique para uno mismo el estatus exclusivo [...] de la antigua víctima» (Todorov, 1993).

Las víctimas solo pueden aspirar a tal título si satisfacen los criterios de los diversos interlocutores, cuyos requisitos están definidos, ante todo, por los distintos mundos que habitan. Tendrá que pasar una prueba administrativa —cuando solicite un estatus o una reparación—, será juzgada por el filósofo en cuestión por su capacidad para sostener un discurso universalista, etc. Algunas víctimas de la violencia política optan por eludir toda esta burocracia, por ejemplo, reivindicando el estatus de «supervivientes». Esta nomenclatura señala, por un lado, que no están esperando ningún certificado y recuerda, por otro, que sobrevivieron a la violencia. Por eso, cuando las Madres de la Plaza de Mayo proclamaban que sus hijos no estaban muertos, no estaban diciendo ninguna tontería. Sabían que lo estaban y que nunca los encontrarían. Pero más allá del significado literal, sus palabras hablaban de la fuerza de su causa política: la oposición a un gobierno corrupto y dictatorial que había llegado al poder gracias al apoyo militar (Lefranc, 2002).

Toda esta exposición referente a la complejidad inherente a las relaciones sociales asimétricas, y al papel de las políticas de memoria en la configuración del estatus de víctima, nos permite vislumbrar algunos de sus efectos sociales. No podemos entenderlos si los miramos bajo una lógica funcional. Es decir: si insistimos en ver estas políticas como meras prescripciones que nacen de la necesidad del Estado de unificar y reconciliar sus sociedades, o de la demanda social de las propias víctimas.

Contrariamente a lo que presuponen numerosos estudios contemporáneos, no son medidas públicas que actúan «directamente sobre la institución imaginaria de las identidades colectivas» (Michel, 2010). No pueden reducirse, ni mucho menos, a la acción, por importante que sea, de tal o cual asociación, ya sean las «asociaciones judías de Francia» o las «asociaciones para la memoria de la esclavitud y la colonización» (Michel, 2010). Esta visión *ex post*, centrada en las intenciones y funciones de estas políticas, se olvida completamente de la práctica tal y como ocurre y de su naturaleza relacional. De hecho, aunque muchos de nuestros colegas piensan que la diversificación de figuras que participan en cuestiones de memoria debilita o pone en riesgo el bien común, si miramos bien, observaremos que este hecho da testimonio de su marcado carácter relacional. Y es justamente eso lo que permite que las políticas de memoria tengan efectos sociales, no tanto por su contenido, sino por el entramado de relaciones, interconectadas con el poder e intereses diversos, que posibilitan. Sin embargo, esta «red» social se teje a veces entre individuos cuyas interpretaciones del pasado son distintas y contradictorias, como es el caso del Homenaje de los Justos de las Naciones. Aquí pueden confluir el Estado de Israel, que es quien otorga el honor; un alcalde francés, que es quien acoge la ceremonia, y que puede ser miembro de un partido opuesto a la política del primero; y un Justo, que es quien recibe el galardón, y que puede no ser un apasionado de estas cuestiones, un filosemita o un antisemita. En cualquier caso, lejos de socavar el poder de las políticas de memoria, estos encuentros conmemorativos envueltos en la polémica son una clara muestra de su poder intrínseco, en tanto que movilizan, reúnen y generan interés en un número creciente de sujetos. Incluso a través del conflicto.

Emprendedores de la memoria: una profesión como cualquier otra

Quienes se implican en las políticas de memoria son cada vez más diversos y numerosos. Abarcan más allá de las antiguas víctimas y sus verdugos, de sus descendientes, e incluso de quienes mantienen una relación «imaginaria» con ellos. Que se haya perseverado tanto en las políticas de memoria ha acabado generando esta suma imperfecta de interacciones, que crean un espacio social amplio; un lugar donde sus participantes defienden sus posturas y consiguen legitimidad.

El pequeño mundo de los emprendedores de la memoria

La literatura existente sobre los «agentes» de la memoria es abundante hoy en día (Gensburger, 2012b). Estos *papers* se centran, principalmente, en analizar a aquellos que emprendieron acciones colectivas contra los artífices de violencias hacia ellos o hacia sus antepasados —resistentes, deportados, esclavos, colonizados—. Fue el sociólogo Michael Pollak uno de los primeros en describir a este tipo de agentes sociales. Para hablar de ellos utiliza el término «empresarios de la memoria [...] que crean referencias compartidas y se aseguran de que sean respetadas. Están convencidos de que tienen una misión sagrada que cumplir y se inspiran, por tanto, en una ética intransigente que establece una equivalencia entre la memoria que defienden y la verdad» (Pollak, 1993). Al contrario de lo que suele afirmarse, un estudio detallado de las declaraciones de las asociaciones de memoria muestra que la proliferación, sobre todo desde el año 2000, de este tipo de «empresarios», se ha dado a raíz de la aplicación de las políticas de memoria, y no a causa de ellas (sitio web de LOME —Local et Mémoire—;[33] Gensburger y de Saint-Léger, 2017). Por ejemplo, una asociación que ahora es clave en la promoción de la memoria de la inmigración francesa se creó en 1987, sin referencia alguna al pasado, la historia, la memoria o el patrimonio en sus propósitos. En aquel momento, la memoria era solo una cuestión de diálogo intercultural. Hubo que esperar a 2001 —y, por tanto, a la institucionalización de las políticas de memoria en diversos ámbitos del Estado— para que se añadiera un nuevo apartado al objetivo de la asociación. Actualmente, su misión es la de «producir cualquier obra, independientemente de cuál sea su soporte, que esté relacionada con la memoria y la historia de la inmigración en Francia y Europa». No habría sido posible sin la aplicación de estas políticas, pues, que hoy en día existieran espacios creados para legitimar la acción colectiva. El hecho de que este espacio lo hayan ocupado agentes que hasta ahora desconocían la cuestión, es en parte consecuencia de las propias políticas memorísticas, pues su mera promoción las convierte en visibles, manteniéndolas y reforzándolas.

No obstante, si bien cada vez son más, estos empresarios de la memoria forman parte de un mundo social totalmente endogámico. Varios informes señalan que son las propias asociaciones de veteranos las que acuden a los memoriales de guerra, al igual que son las asociaciones que hablan «en nombre del pueblo judío» las que se citan en el memorial de Vel'd'Hiv cada 16 de julio, o los «representantes de los pueblos antillanos» los que conmemoran la trata de esclavos, la esclavitud

33 http://lome.hypotheses.org/ (consultado el 25 de junio de 2017).

y su abolición el 10 de mayo. Por ello, cabe ir más allá de la constatación evidente de que estas políticas nacen de causas particularistas, para comprender que lo que se reafirma cada vez, en relación con el Estado, es la importancia de hablar del pasado, sea cual sea, y aportar, con ello, un aprendizaje para el futuro. Que los hechos que se recuerdan sean diferentes según el individuo es algo secundario, como también lo son las propias lecciones que se extraen de ellos. Si estos empresarios de la memoria son agentes que promueven una normalización de las políticas de memoria, fortaleciéndolas, es porque se les suman otro tipo de empresarios de la memoria, esta vez en el sentido literal del término: profesionales, cada vez más abundantes, que pertenecen a muy diversos ámbitos. Es gracias a ellos que las políticas de memoria pasan a formar parte del *juego* de las interacciones sociales ordinarias. Y, lejos de denunciar lo que algunos califican de banalización —término que acarrea un juicio moral implícito—, consideramos que estos empresarios de la memoria, aquellos que *mercadean* con ella, son los mejores garantes a la hora de consolidar su eficacia.

El negocio de la memoria: mercado laboral y sociedad

En las últimas décadas, se han llevado a cabo numerosas investigaciones sobre los perfiles de quienes trabajan en contextos de justicia transicional, o sobre la creación en Francia, desde los años sesenta, de asociaciones para la memoria (sitio web LOME; Bertheleu, 2014; Tornatore y Barbe, 2011; Barrière, 2002). Sin embargo, estamos todavía muy lejos de edificar un análisis sociológico detallado de los agentes implicados.

Estas políticas tienden a estimular, y a veces incluso a despertar, ciertos ámbitos profesionales. La educación, la comunicación, la cultura y el urbanismo en especial, cuentan con especialistas que se ocupan de cuestiones relacionadas con la memoria. Ilustremos mejor el caso con un ejemplo actual. Apenas cuarenta y ocho horas después de los atentados del 13 de noviembre de 2015 en París, se registró en la jefatura de policía una asociación cuyo objetivo era el de «reunir a las personas físicas o jurídicas que apoyaran la construcción de una estatua en la capital francesa que conmemorara los atentados». Sus fundadores, es decir, el presidente y el secretario, eran dos especialistas en comunicación: uno, un productor de cine y eventos; el otro, responsable de prensa de un estudio de arquitectura. En este caso, la profesión de cada uno de ellos constituyó un pilar fundamental en la práctica conmemorativa de esta asociación, dirigida a reforzar la memoria de la ciudad de París y del Estado francés.[34]

Por supuesto, también existen emprendedores de la memoria en el mundo académico. Una de nosotras, autoras de este ensayo, es un claro ejemplo de esta realidad. Por motivos emocionales, de prestigio, de convicción genuina sobre el deber de memoria, de satisfacción intelectual, así como por la simple y prosaica remuneración económica, Sarah Gensburger aceptó comisariar una exposición imbricada dentro de las políticas de memoria. Más tarde, con el mismo compromiso, y sirviéndose de su mirada crítica de socióloga, examinó la evolución de la muestra, así como la naturaleza de su recepción (Gensburger, 2012a y 2015).

Estas políticas se asientan, como venimos señalando, en lógicas más amplias que las «trivializan», en el sentido de que las introducen en un entramado social cuya dinámica no posee la agudeza moral de evocar el pasado «doloroso», y les confieren su fuerza de acción. Y no solo en el sentido de que reflejan las costumbres o el espíritu de una época, sino porque generan interacciones reales entre los profesionales de la memoria y los sectores a los que pertenecen. Siguiendo con los ejemplos, pondremos dos que no suelen abordarse con frecuencia.

Primero, miremos hacia Europa y hacia el resto del mundo. Organizaciones internacionales como la ONU, la Comi-

34 http://www.generationbataclan.fr/page3/ (consultado el 25 de junio de 2017).

sión Europea, así como otras de corte no gubernamental, han promovido y subvencionado un buen número de programas de pacificación en países que acababan de salir de una guerra civil. Estas medidas, junto con sus expertos, académicos y agentes locales, buscaban la reconciliación de los ciudadanos de a pie con grupos con un pasado más violento u hostil, así como inculcar actitudes de paz y tolerancia. Los acuerdos de paz que se dieron entre dirigentes políticos y militares, la intervención armada y las reformas institucionales no bastaron para establecer una paz duradera. Un análisis sociológico de la historia de las organizaciones y de las trayectorias profesionales de los agentes especializados, demuestra que la intención de construir la paz «desde abajo» no es la única consecuencia de estos acuerdos fallidos. Los programas desplegados para la memoria son, también, una prolongación de los esfuerzos realizados por estas mismas personas para promover diversas causas, tanto en sus países de origen, como en sectores sociales que, muy a menudo, nada tienen que ver con la guerra que se quiere evitar.

Dentro de esas causas, encontramos la reforma de la justicia penal, que los países occidentales consideran demasiado represiva. Así, la gestión del legado conflictivo en África sirve para promover la justicia reparadora. Por otro lado, los grupos menonitas —anabaptistas pacifistas— aplican en Norteamérica programas de reinserción de delincuentes juveniles basados en el diálogo, y se ofrecen como mediadores cuando van en misión a países con conflictos recientes. Por su parte, las políticas de memoria están, a menudo, vinculadas con la búsqueda de nuevas formas de resolver problemas y enfrentamientos; desde el hacinamiento carcelario de las democracias occidentales hasta la elusión de tribunales en los conflictos laborales, inspiran propuestas de paz en otras partes del mundo a través del trabajo de memoria. No es de extrañar, pues, que algunos de los agentes implicados se hayan convertido en «pacificadores», como sería el caso de profesionales de la psicología o numerosos activistas.

Por último, son muchos también los que aportan sus competencias estrictamente profesionales a las políticas internacionales de paz y memoria: desde la crítica académica, la historia o el derecho, hasta las técnicas terapéuticas desarrolladas en los Estados Unidos en encuentros de Alcohólicos Anónimos o para parejas en crisis (Lefranc, 2008). Estos individuos comprometidos con la causa de la memoria desde distintas esferas, no es que se involucren con el simple y oportunista objetivo de ganar una posición social, pues no todo en el plano relacional puede reducirse a la búsqueda de intereses individuales o a estrategias explícitas de ascenso. Pensar eso sería muy cínico por nuestra parte. Estos agentes acarrean consigo ecos y experiencias de vidas pasadas o paralelas, lo cual debe tenerse en cuenta a la hora de entender cómo y por qué, a través de ellos, actúan los profesionales que contribuyen a fortalecer de manera indirecta las políticas de memoria.

El mecanismo de acción es idéntico para nuestro segundo ejemplo: el desarrollo de un sector económico que ya existe por derecho propio. Hablamos del turismo de la memoria. Desde principios de este siglo, en Francia, los Ministerios de Turismo y de Defensa han colaborado para crear este nuevo nicho, que, aunque está relacionado con la memoria, tiene más que ver con el desarrollo económico, especialmente en lo concerniente a los intereses de las autoridades locales (Hertzog, 2012). A nivel turístico, se han desarrollado cuatro ejes básicos memorísticos: *la fortificación* —s. XVI a XX—, la guerra franco-prusiana de 1870-1871, y la Primera y Segunda Guerras Mundiales.[35] Es por ello que, a día de hoy, tanto las «rutas», «caminos», como otros «senderos conmemorativos», funcionan como vectores útiles para los agentes culturales y turísticos de un gran número de colectivos locales, tanto en zonas rurales como urbanas.[36]

35 http://www.cheminsdememoire.gouv.fr (consultado el 25 de junio de 2017).

36 Por ejemplo, la red Mémorha, que agrupa, en la región de Rhônes-Alpes, lugares y territorios relacionados con la Segunda Guerra Mundial, así como investigadores en ciencias humanas y sociales: www.reseaumemorha.org [Consultado el 25 de junio de 2017].

Vinculada a los conflictos armados y, en particular, desde 2014, a la memoria de la Primera Guerra Mundial (Crépin y Rouger, 2013), esta dinámica ha impregnado el tejido social mucho más allá de los temas que aquí tratamos. Solo el campo de Auschwitz atrae a un millón de visitantes al año, o la Lorena posindustrial ve en la evocación de su pasado obrero una importante atracción turística (Tornatore, 2004). El desarrollo creciente de esta particular forma de viajar está generando que los lugares históricos se transformen en museos y zonas de visitas organizadas. Cuentas con instalaciones adecuadas —hoteles, restaurantes, tiendas de recuerdos, etc.—, y no escapan de las estrategias publicitarias para captar visitantes. Los centros de investigación y las sociedades de historia local se incorporan también a este turismo de la memoria, del que a veces obtienen su medio de vida. Que esto haya sucedido implica el nacimiento de un nuevo tipo de actividad económica que moviliza a más tipos de agentes implicados, y consolida, así, los *leitmotiv* de las políticas de memoria contemporáneas.

No cabe duda de que este fenómeno forma parte de un proceso que mercantiliza el pasado, que lo transforma en un objeto de consumo estético, neutral y rentable, listo y recuperado para que el turismo y el espectáculo —el cine, en particular— hagan uso de él en beneficio propio. No obstante, muchos autores han denunciado esta práctica que *cosifica* nuestra Historia, y que la pone no al servicio de los ciudadanos, sino del capital. Estos autores han empleado el término «turismo oscuro» —*dark turism*—, para reflejar el alcance terrible que conlleva esta forma de tratar el pasado. ¿Cuántas veces hemos visto a empresas ofertar *tours* a lugares donde sucedió algo terrible —o sigue sucediendo—, como si fuera una atracción de feria? Pensemos en algunas ciudades de Sudáfrica o en los campos de refugiados de Gaza. También en Ruanda, donde es posible hacer «rutas» guiadas de un monumento a otro, en una suerte de peregrinación vacacional. Por otro lado, el grupo estadounidense pro derechos humanos Global Exchange ofrece actividades similares, enmarcadas bajo el término «turismo de realidad», que poco o nada se distingue de los ejemplos anteriores. Sus excursiones se adentran en las profundidades de lugares como las favelas de Río de Janeiro, los tugurios de Bombay o los burdeles de Bangkok. Ofrecen, incluso, visitas al emplazamiento de la central nuclear de Chernóbil, con el peligro que ello conlleva, o a lugares de naufragios, como el del Costa Concordia, asesinatos o grandes catástrofes naturales. Podemos considerar estas iniciativas formas de compasión *voyeur* o de búsqueda de emociones fuertes, y sentirnos plenamente ofendidos por el modo en que el interés por nuestro pasado ha acabado degenerando de tal forma. Pero lo que dicen los escasos estudios etnográficos que existen al respecto es que las visitas a los lugares identificados como «conmemorativos» son algo más que una forma de *voyeurismo* perverso: su naturaleza obedece más al deseo de los visitantes de cumplir el mandato por honrar la memoria, tan arraigado en algunos sectores de nuestra sociedad (Hughes, 2008; *Mémoires en jeu*, 2017).[37] En este sentido, la expansión mundial de este tipo de turismo no conlleva una falta de respeto hacia el pasado, sino la normalización de ese *leitmotiv* que nos emplaza a recordar la historia para no repetirla. Su naturaleza, menos tradicional, es su propia fuerza y, quizá, al mismo tiempo —aunque esta *profecía* no nos pertenece—, su debilidad debido a la sobreexplotación (Rousso, 2016).

La profesionalización de las políticas de memoria puede llevarnos, pues, no a un debilitamiento, sino a una transformación de las normas morales por las que se rigen. Es el caso de la justicia transicional, que nació, como ya hemos visto, para justificar transiciones políticas basadas en acuerdos mutuos con los autores de la violencia política —y, por tanto, en las amnistías—. Posteriormente, a medida que se iban desarrollando en paralelo los tribunales penales internacionales, se convirtió en un terreno parcial y de intervención para abogados y juristas, y

37 http://www.memoires-en-jeu.com/dossier/tourisme-memoriel/ (consultado el 25 de junio de 2017).

la aproximó a las demandas propias de la justicia penal. Lo que en un momento se había utilizado para justificar la impunidad de los delincuentes políticos podía acabar, por tanto, mediante la implicación de profesionales y activistas, en un fuerte movimiento que exigiera sanciones contra ellos. Del mismo modo, las comisiones de verdad sirven, a menudo, a los intereses de los partidarios de que haya un acuerdo entre los antiguos y los nuevos gobernantes; pero también conllevan, como resultado potencial, la reducción del número de narrativas falsas socialmente aceptables. Cuando se organiza una evocación pública del pasado, no se impone una verdad única, sino que se permite, tal vez no el acercamiento, pero sí una comparación entre las verdades provenientes de los distintos bandos en conflicto. Al querer condenar con demasiada rapidez, ya sea la connivencia entre élites políticas, o la estetización lucrativa de las empresas de turismo, la complejidad de sus efectos queda diluida. Por eso mismo, resulta más productivo seguir los procesos, aun aleatorios e imprevisibles, en los cuales grupos de personas se reúnen para hacer suyo el mandato de rememorar el pasado violento, que tomar partido a favor o en contra de una ideología o una verdad. Así, las políticas de memoria son proposiciones morales cuya dinámica y efectos pueden comprenderse mejor cuando no se juzgan desde una única perspectiva moralista.

Conclusión. ¿Son las políticas de memoria una utopía?

¿Hay que pedir a las víctimas que no «abusen» de su estatus (Todorov, 1995), o que se contenten solamente con denunciar a los verdugos? ¿Debemos defender las memorias «débiles» frente a otras «fuertes» (Traverso, 2005) y recordar a los «olvidados de la historia», como por ejemplo a las víctimas legítimas de los conflictos coloniales? ¿Es necesario pronunciarse sobre la Historia o la memoria (Prochasson, 2008)? ¿Debemos aceptar el «olvido» en lugar de promover la sobreabundancia de referencias al pasado (Rousso, 2016)?

Si bien estas cuestiones políticas y morales son interesantes, no dan respuesta a lo que haríamos realmente si se eligiera una opción frente a otra. En este libro hemos tratado de alejarnos de los términos de los debates existentes, para comprender lo que está en juego cuando hacemos referencias actuales al pasado violento. Por consiguiente, no hay ninguna «lección» que aprender. No es excluyente el que se trabaje en una reconceptualización de los objetivos o de las reflexiones que podrían hacer más eficaces las políticas de memoria a las que les hemos dedicado este volumen.

Estas políticas han evolucionado considerablemente desde la década de los 90. En el caso de Francia, quienes las apoyaban decían querer fomentar una ciudadanía abierta, para así evitar el ascenso al poder de agentes políticos que trajeran de nuevo la intolerancia o la discriminación. Y así sucede en otros países del mundo, sobre todo en aquellos lo suficientemente pacíficos como para hacerse preguntas sobre los vestigios de la violencia ejercida en el pasado. No obstante, las políticas de memoria son también útiles en territorios recién salidos de un conflicto civil, pues favorecen la construcción de una paz duradera que ayude a «gestionar las numerosas huellas que ha dejado la guerra».

Pero a pesar de transmitir mensajes pacifistas y humanistas, estas políticas no dejan de basarse en causas específicas. Invertimos en ellas, en realidad, para defender una visión de la historia, en lugar de una historia universal al servicio de la humanidad; y eso, cuando no se utilizan para aumentar el prestigio social de cualquier susodicho, o con fines laborales particulares. Los moralistas se llevan las manos a la cabeza, pero poco pueden hacer para cambiar esto: las políticas de memoria se desarrollan porque están impulsadas por los intereses específicos de varios grupos: los «verdaderos creyentes» —personas cuya identidad y vida social se conforma en torno al deseo de creer—, las personas afectadas —las víctimas y sus familiares—, y una buena serie de profesionales. Las causas que defienden se «hinchan» según sus intereses, tanto cuando motivan y entusiasman a los activistas, como en el sentido estricto y material del término, pues existe un generoso interés tangible. Una vez atraída la atención, generan la competencia por las posiciones y los recursos y, por lógica, los conflictos. Gestionarlo es complejo: cuando se erigen políticas que pretenden reflejar los principios universales de respeto y tolerancia, siempre se corre el riesgo de que eso principios se «particularicen». Por ejemplo, las religiones, cuando aún controlaban los valores y la moral universal, instituyeron gigantescas comunidades cerradas e instituciones poderosas, en esa búsqueda por definir las normas de conducta.

Estas observaciones pueden aplicarse también a cualquier política pública. La fuerza de todas ellas se extrae de sus participantes, pues solo funcionan si alguien y, por ende, un grupo, las adopta. En el caso que aquí tratamos son múltiples los agentes que participan e impulsan este «arte» del recuerdo. Los «memorialistas» y «pacificadores» —ya sean abogados, jueces, educadores, productores, artistas, arquitectos, activistas, profesionales del turismo o de la industria del ocio— utilizan herramientas muy similares para impulsar las políticas de memoria. Reescriben la Historia, la representan con imágenes, la tallan en mármol y hormigón, o la enseñan en las aulas. Nos invitan, en definitiva, a escuchar a las víctimas y, raramente, a perseguir a los criminales de guerra. Todos confían en el alcance pedagógico de sus actos. Quieren instruir y conmover, e inscribir este conocimiento emocional de forma permanente en lo más profundo de cada uno de los individuos.

En este acuerdo, son más importantes las políticas en sí que el modo en que se llevan a cabo. Como sociólogas, hemos expresado nuestras dudas sobre la eficacia de esta forma individual de transmitir el conocimiento sobre el pasado, y sobre cuán probable es, en realidad, que el aprendizaje se reactive llegado el momento clave. Por un lado, dudamos de la fuerza de las autoridades políticas a la hora de influir sobre la conducta de los individuos, pues incluso los regímenes autoritarios o totalitarios no impidieron que existieran resistencias ni que fuera posible eludir ciertas normas (Hibou, 2011). ¿Cómo podrían nuestros gobiernos democráticos y liberales, entonces, convencernos de que actuásemos siempre como ciudadanos tolerantes? Por otro lado, también dudamos del principio de acción adoptado. El objetivo de prevenir la violencia —central en la educación contemporánea—, oculta en realidad el hecho de que vivimos en sociedades distintas, pues pensar que la masa que nos conforma es homogénea no es más que una ilusión. Se puede ser la persona más tolerante del mundo toda una vida, y un día cualquiera empuñar un arma y dispararle al vecino solo porque una autoridad política ha dicho que hay que hacerlo. Suponiendo que se dieran lecciones individuales de conducta, estas solo funcionarían si se valiesen de un contexto colectivo. Por tanto, es necesario reformular el objetivo. No se trata de curar o reformar a los individuos, pues siempre podrán cambiar de opinión. Son las relaciones sociales las que conviene orientar. La violencia colectiva, incluso la más extrema, se deriva de una elección social que compromete la responsabilidad de todos los individuos presentes, y de todos aquellos cuya mirada y juicio se tienen en cuenta.

De hecho, la enseñanza del «nunca más» tiene pocas posibilidades de crear una resistencia en caso de que surja una nueva situación de violencia. Es ingenuo esperar que las políticas de memoria formen ciudadanos más tolerantes y dispuestos a indignarse ante las discriminaciones raciales o los discursos de odio, o a rechazar la violencia política, ya se dirija contra un individuo o busque el exterminio de un grupo percibido como «diferente». Resulta estéril porque, en primer lugar, estas políticas pretenden ignorar las lógicas distintivas que operan en el corazón de lo social y lo político. Los individuos reunidos en grupos —aunque sean imaginarios, como en un famoso experimento de psicología social (Sherif *et al.*, 1961) en que se dividieron en equipos de tres colores distintos— se distinguen casi mecánicamente del resto, lo cual los hace sentir mejor que los demás. Y las políticas de memoria, ya sea propaganda de odio o llamamientos a la tolerancia, desempeñan su papel en ello. Tal vez existan vías por explorar en modelos pedagógicos no centrados en la competitividad sino en la cooperación —como el de Maria Montessori, por ejemplo—, pero por el momento son meras utopías o, peor aún, *islas académicas* privilegiadas, accesibles solo a unos pocos. Es muy probable que haya algo que ganar en condiciones sociales más igualitarias; si bien no borrarían el deseo de distinguirse del otro, sí podrían dificultar las movilizaciones violentas en respuesta a eventuales discrepancias. La memoria, definitivamente, «no es suficiente» (Moyne, 2018; Brudholm et Schepelern, 2018).

En segundo lugar, resulta también estéril tratar de crear de una vez por todas ciudadanos tolerantes, porque no se aprende a ser «bueno» de un día para otro. Incluso aquellos que adoptaron tales valores de «bondad» y «tolerancia», pueden desprenderse de ellos con facilidad. Sin duda, nos engañamos sobre la capacidad de los mandatos morales para moldear de forma sostenible el comportamiento, ya sea en positivo —«¡ama al prójimo!»—, o en negativo —«¡no mates!», «¡no discrimines!», «¡no olvides!»—. Y no porque no funcionen. A diario realizamos cientos de actos que nos convierten en buenos ciudadanos y buenas personas: reciclamos, le abrimos la puerta a alguien... Pero solo lo hacemos cuando las circunstancias nos inducen a ello, ya sea por amenazas, por habituación o por pura imitación. Sabemos, además, que muchas de estas buenas costumbres persistirían, incluso, en los peores momentos de un genocidio, pero solo ante los compañeros, no frente a las víctimas. Por ejemplo, los ejecutores del «genocidio a balazos» de los territorios del Este del Tercer Reich en el año 1941, trataban de «mantener la compostura»: cuando les entraban ganas de vomitar, ya fuese por un olor fuerte o por cualquier tipo de escrúpulo, lo hacían tras un arbusto para no incomodar a sus compañeros. Luego seguían matando (Welzer, 2009).

Pero esta observación va mucho más allá de las políticas de memoria y sus efectos. Como en otros ámbitos, modelamos nuestro comportamiento más como imitación de personas de referencia, con sus comportamientos y las normas implícitas que transmiten, que en función de los mandatos de una autoridad.

La extrema visibilidad de la transmisión escolar del conocimiento en la sociedad contemporánea nos vuelve a menudo ciegos ante este hecho. Pero incluso hoy, lo esencial de los aprendizajes socialesy morales —incluyendo los que se dan en la escuela— remite a la asimilación mimética y no al aprendizaje explícito de normas y reglas. [...] En el ámbito moral, este hecho es especialmente llamativo, como lo muestra la ineficacia de la educación cívica escolar cada vez que no puede basarse en normas de sociabilidad ya presentes en los comportamientos cotidianos de los niños o jóvenes. La razón no es muy misteriosa: como muchas otras competencias básicas, la inteligencia social y las prohibiciones morales son sin duda comportamientos aprendidos —*learnt*— que no se prestan a ser enseñados —*taught*— (Schaeffer, 1999).

No podemos evitar plantear aquí una pregunta, que nos resultará tan insólita como familiar: ¿y si la moral no pudiera enseñarse? O, al menos, no de forma deliberada o directa. Y, en ningún caso, a través de instrucciones o mandatos de alguna autoridad poco creíble. Estas cuestiones nos conducen a otra observación casi igual de incómoda: si la prevención de la violencia colectiva, como cualquier otro tipo de comportamiento, está condicionada a la posibilidad de mimetismo y reciprocidad, implica que el individuo se ha de ajustar a otros individuos. Sin embargo, este detalle, en sí mismo, posibilita la violencia. El experimento de Milgram, realizado en los años sesenta en un laboratorio de psicología social en Estados Unidos, y repetido posteriormente cientos de veces, demostró que un individuo al que una autoridad legítima —expertos con bata blanca, pero también presentadores de televisión— le pedía que aplicara sobre otra persona descargas eléctricas, casi siempre acababa haciéndolo. Más de seis de cada diez aceptaron sin amenaza previa y sin cuestionar la orden, en muchos casos tan solo tras tenues dudas iniciales y alguna risa nerviosa.[38] Merece la pena repetirlo: aquello que puede evitar la violencia es, a su vez, lo que la vuelve posible: la relación social en sí misma.

38 Se trata de la experiencia llamada «de Milgram» (Milgram, 1994). Respecto a la variante televisiva, en la que más de ocho personas sobre diez aceptan torturar, ver el documental de Christophe Nick: *Le jeu de la mort* (2009).

¿Cómo salimos de esta paradoja, si es que se puede? Para empezar, desarrollando un espíritu crítico. Lo que sabemos de los *salvadores* un tanto misántropos y distantes, o de los asesinos excesivamente sociables y sumisos, así lo sugiere. Los docentes más sensibles a la complejidad de las interacciones sociales que se producen cuando se habla del pasado también lo saben.[39] El lema «nunca más» debe enseñarse como parte de la historia; una historia ni cosificada, ni monumentalizada, ni contada *en caliente* por la emoción, ni tampoco *dispersa* en la lógica relativista de la pluralidad de relatos (Bonafoux, de Cock-Pierrepont y Falaize, 2007). Deben formularse preguntas críticas, llegando a la incomodidad si es necesario, que sean vinculantes para el profesor y sus compañeros. El ministro francés de Educación se ofendió a raíz de ciertas cuestiones planteadas durante las convocatorias para la movilización de la memoria en las escuelas tras los atentados parisinos de 2015: «Incluso donde no hubo incidentes, hubo demasiadas preguntas por parte de los alumnos: "sí, yo apoyo a Charlie, pero...", o "¡el doble rasero!", o "¿por qué defender la libertad de expresión en esta situación y no en otra?". Son preguntas un tanto insoportables, sobre todo si tenemos en cuenta que vienen de estudiantes en el marco de la escuela, que debería transmitir valores» (Najat Valaud-Belkacem, el 14 de enero de 2015, citado por Cock y Heimberg, 2015). Muchos profesores, sin embargo, a menudo privados de los medios, y a veces también de respuestas, sí están dispuestos a correr el riesgo de enfrentarse a estas preguntas «insoportables». La educación a través de la memoria no puede entenderse como un simple vector para transmitir valores, pues cuando es solo eso, se corre el riesgo de que no sea efectiva, e incluso puede producir efectos no deseados.

¿Es posible que exista otra paradoja fundamental en querer «inculcar» el rechazo a la violencia política y a la conduc-

39 http://aggiornamento.hypotheses.org/ (consultado el 25 de junio de 2017).

ta intolerante que supuestamente conduce a ella? Este modelo educativo propone adaptarse al sistema, apoyándose en el deseo de conformidad que permite funcionar a cualquier sociedad. De hecho, la adaptación de las personalidades individuales al sistema social es el objetivo de la socialización (Dubar, 1991). El misterio de la resistencia a la intolerancia, la exclusión o la violencia política parece residir en la imperfección o, al menos, en la reversibilidad de esta adaptación al sistema.

Las socializaciones pacifistas y tolerantes, incluso las más sólidas, no son suficientes para protegernos de la violencia, pues incluso la moral más virtuosa puede ponerse al servicio del horror. Este libro nos invita a admitir la dimensión probabilística de todo pensamiento sobre la sociedad. En él hemos instado a reflexionar desde la sociología sobre los roles respectivos de las causas y los azares. O, dicho de otra manera, sobre el lugar que ocupa una forma social del azar en la conducta relacional. Maurice Halbwachs, figura destacada de las ciencias sociales de la memoria,[40] fue también uno de los primeros sociólogos en introducir de nuevo el pensamiento probabilístico de los comportamientos sociales en su dimensión relacional (Halbwachs, 1912; Brian, 2014). Lo social no es determinista, sino que opera como un abanico de posibilidades y conexiones potenciales entre individuos. La memoria, pues, como cualquier acción, depende de la forma en que esta matriz social evolucione según las leyes que no son pura casualidad o reproducción.

De lo que no cabe duda es de que vivimos todos en diferentes mundos sociales al mismo tiempo, y que el comportamiento que se nos invita a adoptar en un contexto puede ser inadecuado en otro. ¿Cómo puede, entonces, una norma pretender limitar nuestra conducta en cualquier momento y lugar? Signifi-

40 En el periodo contemporáneo el estatus de «padre fundador» de Maurice Halbwachs se vio reforzado por su deportación y muerte en el campo de Buchenwald; como una confirmación «a posteriori» de la importancia de su obra respecto a cuestiones memoriales.

caría que todas aquellas personas que nos importan a distintos niveles —el policía, el juez, el profesor, el tendero, la madre, el amigo, el amante, el líder, etc.— habrían de sostener los mismos discursos al mismo tiempo. Y si alguno hiciera un uso oportunista, sería necesario que todos lo hicieran de la misma forma a la vez. Pero, siendo realistas, sabemos que tal unanimidad es inimaginable en nuestras sociedades, incluso cuando hablamos de cuestiones tan universales como las que plantean las políticas de memoria.

«¿El público reconoce la gravedad de los hechos? ¿O reconoce un código que, por asociación, indica el lugar donde se ubica el mal?» (Mesnard, 2000). En realidad, son los actos más ordinarios, en el sentido de que rara vez van dirigidos a un objetivo concreto, de un gran número de individuos que, a su vez, forman parte de grupos dispares, los que hacen y deshacen las normas morales. El hombre más poderoso no es capaz de imponer por sí solo una creencia —o, al menos, si dejamos atrás aquellos tiempos y modelos en los que el poder del emperador era omnímodo, tal y como vimos en el ejemplo de la columna de Trajano—. Su poder es efímero. Para que se escuche, su voz debe tener eco; resonar. El poder y la legitimidad que los potenciales miembros otorgan a un grupo son decisivos, pues determinan su capacidad para que la causa trascienda a otros mundos sociales. Por tanto, las políticas de memoria, si quieren llegar a establecer valores duraderos y generalizados, van a tener que apoyarse en un gran número de agentes significativos. Profesores, por ejemplo, o intelectuales cuya presencia marque la diferencia. Si la exhibición de una postura moral crea la moral, es porque la norma es repetida firme y frecuentemente por parte de estos interlocutores que deberían ser referentes. Y esto, en cualquier caso, tampoco garantiza que la norma arraigue en el resto de la sociedad —aunque sí la fomenta—, pues, como hemos visto, el resultado final dependerá de los avatares de la interacción social. Sin embargo, debemos tener muy presente que el poder del «nunca más», si bien aún está vigente, corre el riesgo de erosionarse si las instituciones y sus representantes se debilitan (Dubet, 2002, a propósito de los docentes).

Finalicemos con una paradoja: las autoridades políticas, al modelar la memoria sobre un pasado violento, pueden mostrarse enérgicas y decididas, pero su voluntarismo acabará en saco roto. Un gobierno es tanto más locuaz cuando menos se lo escucha. Y bien lo sabe. Por ello, regulará con mayor vehemencia la enseñanza escolar de la historia cuando disponga de menos recursos para ello, usará con mayor saña el pasado cuanto más quiera evitar otros debates con la oposición, o se mostrará más dispuesto a rendir homenaje a las víctimas en los momentos en que no pueda concederles reparación o justicia penal. Así, las políticas de memoria son, tristemente y con demasiada frecuencia, políticas de impotencia.

Bibliografía

ALEXANDER, J. (2002), «On the Social Construction of Moral Universals: The "Holocaust" from War Crime to Trauma Drama», *European Journal of Social Theory*, 5 (1), p. 5-85.

ANDRIEU, C., GENSBURGER S. y SEMELIN J. (2008), *La Résistance aux génocides. De la pluralité des actes de sauvetage*, Paris, Presses de Sciences Po.

ANDRIEU, K. (2012), *La Justice transitionnelle*, Paris, Gallimard.

ANDROFF, D. (2012), «Narrative Healing among Victims of Violence : The Impact of the Greensboro Truth and Reconciliation Commission», *Families in Society*, 93 (1), p. 38-46.

ANTICHAN, S. *et al.* (2016), *Visites scolaires, Histoire et citoyen- neté. Six expositions sur le centenaire de la première guerre mon- diale*, Paris, La Documentation française.

ANTICHAN, S., GENSBURGER, S. y TEBOUL, J. (2016), «Dépolitiser le passé, politiser le musée? Les visiteurs d'expositions historiques dans le cadre de la commémoration de la première guerre mondiale», *Culture et Musées*, 28, p. 73-92.

AUGÉ, M. (2013), *Les Formes de l'oubli*, Paris, Rivages. [Existe traducción al castellano: AUGÉ, M. (2019) *Las formas del olvido*, Barcelona, Gedisa].

BACKOUCHE, I. y DUCLERT, V. (dir.) (2012), *«Maison d'histoire de France». Enquête critique*, Paris, Fondation Jean-Jaurès.

BARRIÈRE, P. (2002), «"Au nom de la mémoire...": Les associations grenobloises d'anciens combattants et victimes de guerre à la Libération (1944-1947)», *Guerres mon- diales et conflits contemporains*, 1 (205), p. 35-53.

BASTIDE, R. (1970), «Mémoire collective et sociologie du bricolage», *L'Année sociologique*, 21, p. 65-108.

BAUDINIÈRE, C. (2008), «Une mobilisation de victimes illégitimes. Quand les épurés français de la seconde guerre mondiale s'engagent à l'extrême droite», *Raisons politiques*, 2 (30), p. 21-39.

BERGER, P. y LUCKMANN, T. (1992), *La Construction sociale de la réalité*, Paris, Méridiens-Klincksieck.

BERNARD-DONALS, M. (2005), «Conflations of Memory: Or, What They Saw at the Holocaust Museum after 9/11», *CR. The New Centennial Review*, 5 (2), p. 73-106.

BERTHELEU, H. (2014), *Au nom de la mémoire. Le patrimoine des migrations en région Centre*, Tours, Université François Rabelais.

BERTRAND, R. (2006), *Mémoires d'empire. La controverse autour du «fait colonial»*, Bellecombe-en-Bauges, Le Croquant.

BEZES, P. y SINÉ, A. (dir.) (2011), *Gouverner (par) les finances publiques*, Paris, Presses de Sciences Po.

BONAFOUX, C., DE COCK-PIERREPONT, L. y FALAIZE, B. (2007), *Mémoires et histoire à l'école de la République. Quels enjeux?*, Paris, Armand Colin.

BOSSY, J. F. (2007), *Enseigner la Shoah à l'âge démocratique: quels enjeux?*, Paris, Armand Colin.

BOUCHAT, P., KLEIN, O. y ROSOUX, V. (2017), «L'impact paradoxal des commémorations de la grande guerre», *Matériaux pour l'histoire de notre temps*, 121-122, p. 26-31.

BOURDIEU, P. (1980), *Le Sens pratique*, Paris, Minuit.[Existe traducción al castellano: BOURDIEU, P. (2008), *El sentido práctico*, Madrid, Siglo XXI editores.]

BRAYARD, F. (dir.) (2014), *Des contextes en histoire, Actes du Forum du CRH*, Paris, Jouve.

BRENNER, E. (dir.) (2015), *Les Territoires perdus de la République*, Paris, Fayard.

BRIAN, É. (2014), «Causalités historiques. Les choses, les causes et les chances», *Revue de synthèse*, 1, p. 1-8.

BROWN, J. (2014), «"Our National Feeling is a Broken One": Civic Emotion and the Holocaust in German Citizenship Education», *Qualitative Sociology*, 37, p. 425-442.

BROWNING, C. (1999), *Des hommes ordinaires. Le 101e bataillon de réserve de la police allemande et la Solution finale en Pologne*, Paris, Les Belles Lettres.

BURSTON, A. (dir.) (2005), *Des cultures et des villes. Mémoire au futur*, Paris, L'Aube.

BURUMA, I. (1994), *The Wages of Guilt. Memories of War in Germany and Japan*, Nueva York, Farrar Straus & Giroux. [Existe traducción en castellano: BURUMA, I. (2011) *El precio de la culpa*, Barcelona, Duomo editorial].

CÉLESTINE, A. (2012), «L'espace des mobilisations de minoritaires en France et aux États-Unis», *L'Atlantique multiraciale*, Paris, Karthala.

CHAMBOREDON, J.C. y LEMAIRE, M. (1970), «Proximité spatiale et distance sociale. Les grands ensembles et leur peuplement», *Revue française de sociologie*, 11 (1), p. 3-33.

CHANET, J.F. (1996), *L'École républicaine et les petites patries*, Paris, Aubier.

CHAUMONT, J.M. (1997), *La Concurrence des victimes. Génocide, identité et reconnaissance*, Paris, La Découverte.

CLAVERIE, É., CONDÉ, P. y SEROUSSI J. (2013), *Civils et combattants. Formes de la guerre et épreuves judiciaires internationales*, Paris, Mission de recherche droit et justice.

CNCDH (Commission nationale consultative des droits de l'homme) (2015), *La Lutte contre le racisme, l'antisémitisme et la xénophobie. Année 2014*, Paris, La Documentation française.

COCK, L. y HEIMBERG, CH. (2014), «La Journée de la mémoire et ses pratiques scolaires. Une évocation critique», *Revue pluridisciplinaire de la Fondation pour la mémoire de la déportation*, diciembre, p. 119-126.

COCK, L. Y HEIMBERG, CH. (2015), «Apprendre de l'histoire pour être capable de discernement », *Revue pluridisciplinaire de la Fondation pour la mémoire de la dépor- tation*, junio, p. 125-130.

COCK, L., MADELINE, F., OFFENSTADT, N. y WAHNICH, S. (dir.) (2008), *Comment Nicolas Sarkozy écrit l'histoire de France*, Paris, Agone.

COLLINS, R. (2005), *Interaction Ritual Chains*, Princeton, Princeton University Press.

COLLINS, R. (2011), *Violence. A Micro-sociological Theory*, Princeton, Princeton University Press.

CONRAD, M., LÉTOURNEAU, J. y NORTHRUP, D. (2009), «Canadians and their Pasts: An Exploration in Historical Consciousness», *The Public Historian*, febrero, pp. 15-34.

COQUIO, C. (2015), *Le Mal de vérité ou l'utopie de la mémoire*, Paris, Armand Colin.

COSSU, A. (2010), «Memory, Symbolic Conflict and Changes in the National Calendar in the Italian Second Republic», *Modern Italy*, febrero, pp. 3-19.

CRÉPIN, B. y ROUGER, M. (2013), «Le musée de la grande guerre du pays de Meaux. Un nouveau regard sur le tourisme de mémoire», *Cahier Espaces*, 313, pp. 108-115.

CYRULNIK, B. (2002), *Un merveilleux malheur*, Paris, Odile Jacob.

DARLEY, J. y BATSON, C. Daniel (1973), «"From Jerusalem to Jericho". A study of Situational and Dispositional Variables in Helping Behavior», *Journal of Personality and Social Psychology*, 27 (1), pp. 100-108.

DARMON, M. (2010), *La Socialisation*, Paris, Armand Colin.

DAVALLON, J. *et al.* (2000), «The "Expert Visitor" Concept», *Museum International*, 77, pp. 60-64.

DEBOS, M. (2013), *Le Métier des armes au Tchad. Le gouvernement de l'entreguerres*, Paris, Karthala.

DECKERT-PEACEMAN, H. (2002), *Holocaust als Thema für Grundschulkinder? Ethnographische Feldforschung zur Holo- caust Education am Beispiel einer Fallstudie aus dem amerika- nischen Grundschulunterricht und ihre Relevanz für die Grundschulpädagogik in Deutschland*, Francfort-sur-le-Main, Peter Lang.

DELPLA, I. (2011), *Le Mal en procès. Eichmann et les théodicées modernes*, Paris, Hermann.

DELORI, M. (2008), *De la réconciliation franco-allemande à la guerre des dieux. Analyse cognitive et discursive d'une politique publique volontariste d'éducation à la cause de la paix : l'Office franco-allemand pour la jeunesse*, tesis de doctorado, Université Pierre Mendès-France, Grenoble-2.

DE SWAAN Abram (2016), *Diviser pour tuer. Les régimes génoci- daires et leurs hommes de main*, Paris, Seuil

DEZALAY, Y. y GARTH, B. (2002), *La Mondialisation des guerres de palais. La restructuration du pouvoir d'État en Amérique latine, entre notables du droit et «Chicago boys»*, Paris, Seuil.

DIAS, B. y RESSLER, K. (2014), «Parental Olfactory Experience Influences Behavior and Neural Structure in Subsequent Generations», *Nature Neuroscience*, 17 (1), enero, pp. 89-98.

DOBRY, M. (1986), *Sociologie des crises politiques. La dynamique des mobilisations multisectorielles*, Paris, Presses de Sciences Po. [Existe traducción al castellano: DOBRY, M. (1988), *Sociología de las crisis políticas*, Madrid, Centro de Investigaciones Sociológicas].

DORIS, J., (2008), *Lack of Character. Personality and Moral Behavior*, Cambridge, Cambridge University Press.

DOUGLAS, L. (2000), «Régenter le passé: le négationnisme et la loi», dans F. Brayard (dir.), *Le Génocide des juifs entre procès et histoire (1943-2000)*, Bruselas, Complexe.

DOUGLAS, M. (1999), *Comment pensent les institutions*, Paris, La Découverte/MAUSS.

DUBAR, C. (1991), *La Socialisation. Construction des identités sociales et professionnelles*, Paris, Armand Colin.

DUBET, F. (2002), *Le Déclin de l'institution*, Paris, Seuil.

DUBET, F. y MARTUCCELLI, D. (1996), *À l'école. Sociologie de l'expérience scolaire*, Paris, Seuil.

DUMAS, H. y KORMAN, R. (2012), «Espaces de la mémoire du génocide des Tutsi au Rwanda: mémoriaux et lieux de mémoire», *Afrique contemporaine*, febrero, 238, pp. 11-27.

DURKHEIM, É. (1922), *Éducation et Sociologie*, Paris, Puf. [Existe traducción al castellano: DURKHEIM, É. (2013), *Educación y sociología*, Barcelona, Península].

ECKMANN, M. y ESER DAVOLIO, M. (2002), *Pédagogie de l'antiracisme. Aspects théoriques et supports pratiques*, Ginebra, Loisirs et Pédagogie.

ECKMANN, M. y HEIMBERG, CH. (2011), *Mémoire et Pédagogie. Autour de la transmission de la destruction des Juifs d'Europe*, Ginebra, IES.

EIDELMAN, J. y RAGUET-CANDITO, N. (2002), «L'exposition La Différence et sa réception en Suisse, en France et au Québec. Le visiteur comme expert, médiateur et ethnologue», *Ethnologie française*, 32 (2), pp. 357-366.

ELSTER, J. (1986), *Le Laboureur et ses enfants, Deux essais sur les limites de la rationalité*, Paris, Minuit.

ERMAKOFF, I. (2008), *Ruling Oneself Out. A Theory of Collective Abdications*, Durham, Duke University Press.

ERNST, S. (dir.) (2008), *Quand les mémoires déstabilisent l'école. Mémoire de la Shoah et enseignement*, Lyon, Institut national de recherche pédagogique.

FALAIZE, B. (2008), «Quand les enseignants français traitent de l'immigration», *L'Année du Maghreb*, 4, pp. 423-438.

FALK, J. y DIERKING, L. (1997), «School Field Trips: Assessing their long-term Impact», *Curator. The Museum Journal*, 40 (3), pp. 211-218.

FASSIN, D. y RECHTMAN, R. (2007), *L'Empire du traumatisme. Enquête sur la condition de victime*, Paris, Flammarion.

FELDMAN, J. (2010), *Above the Death Pits, Beneath the Flag. Youth Voyages to Poland and the Performance of Israeli National Identity*, Nueva York, Berghahn Books.

FELDMAN, J. y PELEIKIS A. (2014), «Performing the Hyphen: Engaging German-Jewishness at the Jewish Museum Berlin», *Anthropological Journal of European Cultures*, 23 (2), pp. 43-59.

FINKELSTEIN, N. (2001), *L'Industrie de l'Holocauste. Réflexions sur l'exploitation de la souffrance des juifs*, Paris, La Fabrique.

FLEURY, B. et WALTER, J. (2005), «Le procès Papon. Médias, témoin expert et contre-expertise historiographique », *Vingtième Siècle. Revue d'histoire*, 88, pp. 63-76.

FORQUIN, JC. (1989), *École et culture. Le point de vue des sociologues britanniques*, Bruselas, De Boeck Université.

FORQUIN, JC. (2008), *Sociologie du curriculum*, Rennes, Presses universitaires de Rennes.

FOUCAULT, M. (1976), *Histoire de la sexualité I: La Volonté de savoir*, Paris, Gallimard. [Existe traducción al castellano: FOUCAULT, M. (2019), *Historia de la sexualidad I. La voluntad de saber*, Madrid, Siglo xxi]

FUJII, L.A. (2009), *Killing Neighbors. Webs of Violence in Rwanda*, Ithaca, Cornell University Press.

FUKUOKA, K. (2011), «School History Textbooks and Historical Memories in Japan: A Study of Reception», *International Journal of Politics, Culture, and Society*, 24 (3), pp. 83-103.

FYFE, G. y ROSS, M. (1996), «Decoding the Visitors gaze: Rethinking», *Theorizing Museums*, Oxford, Blackwell.

GARAPON, A. (2002), *Des crimes qu'on ne peut ni punir ni pardonner*, Paris, Odile Jacob.

GARAPON, A. y SALAS D. (2007), «La victime plutôt que le droit», *Esprit*, 11, p. 74-82.

GENSBURGER, S. (2008), « L'émergence progressive d'une politique internationale de la mémoire: l'exemple des actions publiques de "partage" de la mémoire», *Traumatisme collectif pour patrimoine. Regards sur un mouvement transnational*, Laval, Presses de l'Université Laval.

GENSBURGER, S. (2010), *Les Justes de France. Politiques pu- bliques de la mémoire*, Paris, Presses de Sciences Po.

GENSBURGER, S. (2011), «Réflexion sur l'institutionnalisation récente des *memory studies*», *Revue de synthèse*, 132-VI (3), pp. 1-23.

GENSBURGER, S. (dir.) (2012a), *C'étaient des enfants. Dépor- tation et sauvetage des enfants juifs à Paris*, Paris, Flammarion.

GENSBURGER, S. (2012b), «The Righteous among the Nations as Elements of Collective Memory», *International Social Science Journal*, 203-204, pp. 135-146.

GENSBURGER, S. (2014), «Comprendre la multiplication des "journées de commémoration nationale": étude d'un instrument d'action publique de nature symbolique», *L'Instrumentation de l'action publique. Controverses, résistances, effets*, Paris, Presses de Sciences Po.

GENSBURGER, S. (2015), «Voir et devoir voir le passé. Retour sur une exposition historique à visée commémorative», *Critique internationale*, septiembre, pp. 81-99.

GENSBURGER, S. *et al.* (2016), *École, musée, citoyenneté? (Re)visiter les expositions d'histoire en compagnie des élèves*, Paris, La Documentation française.

GENSBURGER, S. (2016), «Les passants liront-ils les plaques commémoratives?», *Journal du CNRS*, 19 de enero de 2016, https://lejournal.cnrs.fr/billets/les-passants-liront-ils-les- plaques-commemoratives (consultado el 20 de julio de 2017).

GENSBURGER, S. y SAINT-LEGER, M. (2017), «Quelle action municipale en matière de "mémoire" ? L'exemple de la ville de Paris», *Les Terrains de la mémoire. Approches croisées à l'échelle locale*, Nanterre, Presses de l'Université Paris-Nanterre, pp. 75-93.

GENSBURGER S. y LAVABRE, MC. (2005), «Entre "devoir de mémoire" et "abus de mémoire": la sociologie de la mémoire comme tierce position», *Histoire, mémoire et épistémologie. À propos de Paul Ricœur*, Lausana, Payot.

GERSON, J. y WOLF, D.. (eds) (2007), *Sociology Confronts the Holocaust. Memories and Identities in Jewish Diasporas*, Durham, Duke University Press.

GHILES-MEILHAC, S. (2015), «Mesurer l'antisémitisme contemporain: enjeux politiques et méthode scientifique», *Revue d'histoire moderne et contemporaine*, abril-septiembre, 62 (2-3), pp. 201-224.

GHOSHAL, R. (2015), «What Does Remembering Racial Violence Do? Greensboro's Truth Commission, Mnemonic Overlap, and Attitudes toward Racial Redress», *Race and Justice*, 5 (2), pp. 168-191.

GIBSON, J. (2004), *Overcoming Historical Injustices. Land Reconciliation in South Africa*, Nueva York, Cambridge University Press.

GLEVAREC, H. y SAEZ, G. (2002), *Le Patrimoine saisi par les associations*, Paris, La Documentation française.

GOFFMAN, E. (1991), *Les Cadres de l'expérience*, Paris, Minuit. [Existe traducción en castellano: GOFFMAN, E. (2006), *Los marcos de la experiencia*, Madrid, Centro de Investigaciones Sociológicas].

GOFFMAN, E. (1996), *La Mise en scène de la vie quotidienne*, Paris, Minuit. [Existe traducción en castellano: GOFFMAN, E. (2021), *La presentación de la persona en la vida cotidiana*, Buenos Aires, Amorrortu].

GOLDHAGEN, D. (1997), *Les Bourreaux volontaires de Hitler. Les Allemands ordinaires et l'Holocauste*, Paris, Seuil. [Existe traducción en castellano: GOLDHAGEN, D. (1997), *Los verdugos voluntarios de Hitler. Los alemanes corrientes y el Holocausto*, Madrid, Taurus].

GRANDJEAN, G. (2016), *Les Jeunes et le génocide des juifs*, Bruselas, De Boeck Université.

GRANDJEAN, G. y JAMIN, J. (2011), *La Concurrence mémorielle*, Paris, Armand Colin.

GRIFFIN, L. (2004), «Generations and Collective Memory Revisited: Race, Region, and Memory of Civil Rights», *American Sociological Review*, 69 (4), pp. 544-557.

GRIVEAUD, D. (2018), «Construction d'un travail de mémoire et mémoire dans l'arène de la Commission Dialogue Vérité Réconciliation de Côte d'Ivoire», *Construire la mémoire historique. Usages publics du passé dans la justice transitionnelle*, Rennes, Presses universitaires de Rennes.

GRUZINSKY, S. (2015), *L'Histoire pour quoi faire?*, Paris, Fayard. [Existe traducción al castellano: GRUZINSKY, S. (2018), ¿Para qué sirve la historia?, Madrid, Alianza].

HACKING, I. (1991), «The Making and Molding of Child Abuse», *Critical Inquiry*, 17 (2), pp. 253-288.

HACKING, I. (2006), *L'Âme réécrite. Étude sur la personnalité multiple et les sciences de la mémoire*, Paris, Les Empêcheurs de penser en rond.

HALBWACHS, M. (1912), *La Théorie de l'homme moyen. Essai sur Quetelet et la statistique morale*, Paris, Alcan.

HALBWACHS, M. (1994), *Les Cadres sociaux de la mémoire*, Paris, Albin Michel. [Existe traducción al castellano: HALBWACHS, M. (2004), *Los marcos sociales de la memoria*, Madrid, Anthropos].

HAMBER, B. (2009), *Transforming Societies after Political Violence. Truth, Reconciliation, and Mental Health*, Nueva York, Springer. [Existe traducción al castellano: HAMBER, B. (2011), *Transformar las sociedades después de la violencia política*, Barcelona, Bellaterra].

HAMMACK, P. (2009), «The Cultural Psychology of American-based Coexistence Programs for Israeli and Palestinian Youth», *Peace Education in Conflict and Post-Conflict Societies. Comparative Perpectives*, Nueva York, Palgrave MacMillan.

HAZAN, P. (2007), *Juger la guerre, juger l'Histoire. Du bon usage des commissions vérité et de la justice internationale*, Paris, Puf.

HELMREICH, W. (1992), *Against All Odds. Holocaust Survivors and the Successful Lives They Made in America*, Nueva York, Simon and Schuster.

HERTZOG, A. (2012), «Tourisme de mémoire et imaginaire touristique des champs de bataille», *Via@*, 1.

HIBOU, B. (2011), *Anatomie politique de la domination*, Paris, La Découverte.

HUGHES, R. (2008), «Dutiful Tourism: Encountering the Cambodian Genocide», *Asia Pacific Viewpoint*, 49 (3), pp. 318-330.

HUGHES, R. (2015), «Ordinary Theatre and Extraordinary Law at the Khmer Rouge Tribunal», *Environment and Planning D. Society & Space*, 33 (4).

IHL, O. (2002), «Socialisation et événements politiques», *Revue française de science politique*, 52 (2-3), pp. 125-144.

INRP (Institut national de recherche pédagogique) (2003), «Entre mémoire et savoir : l'enseignement de la Shoah et des guerres de décolonisation», http://ecehg.ens-lyon.fr/ ECEHG/enjeux-de-memoire/histoire-et-memoire/ reflexion-generale/entre-memoire-et-savoirs/memoire_ savoir.pdf (Consultado el 25 de julio de 2017).

ISRAËL, L. et MOURALIS, G. (2000), «Le chercheur en sciences sociales comme acteur du procès?», *Droit et Société*, 44-45, pp. 159-175.

JARAUSCH, K. (2006), *After Hitler. Recivilizing Germans (1945-1995)*, Oxford, Oxford University Press.

JEAN, JP. y SALAS, D. (dir.) (2002), *Barbie, Touvier, Papon. Des procès pour la mémoire*, Paris, Autrement.

JEFFERY, R. (2014), *Amnesties, Accountability, and Human Rights*, Filadelfia, University of Pennsylvania Press.

JENNINGS, K. y NIEMI, R. (1974), *The Political Character of Adolescence*, Princeton, Princeton University Press.

JONCHERY, A. y BIRAUD, S. (2016), *Visiter en famille. Socialisation et médiation des patrimoines*, Paris, La Documentation française.

JONES, S. (2010), «Negotiating Authentic Objects and Authentic Selves. Beyond the Deconstruction of Authenticity», *Journal of Material Culture*, 15 (2), pp. 181-203.

JOUTARD, P. (2013), *Histoire et mémoires, conflits et alliance*, Paris, La Découverte.

KING, CH. (2012), «Can There Be a Political Science of the Holocaust?», *Perspectives on Politics*, 10 (2), pp. 323-341.

KIPMAN, S.D. (2013), *L'Oubli et ses vertus*, Paris, Albin Michel.

KLEIN, O. (2013), «The Lay Historian :How Ordinary People Think about History», *Narratives and Social Memory. Theoretical and Methodological Approaches*, Braga, Université du Minho.

KLÜGER, R. (1997), *Le Refus de témoigner*, Paris, Viviane Hamy.

KOSELLECK, R. (1998), «Les monuments aux morts comme fondateurs de l'identité des survivants», *Revue de métaphysique et de morale*, enero-marzo, 1, pp. 33-61.

KRONDORFER, B. (1995), *Remembrance and Reconciliation. Encounters Between Young Jews and Germans*, New Haven, Yale University Press.

KUGELMASS, J. (2010), «Rites of the Tribe: The Meaning of Poland for American Jewish Visitors», *Tourists and Tourism. A Reader*, Long Grove, Waveland Press.

LABOURDETTE, MC. (2015), *Les Musées de France*, Paris, Puf.

LAHIRE, B. (1996), «La variation des contextes en sciences sociales. Remarques épistémologiques», *Annales. Histoire, Sciences sociales*, 51 (2), pp. 381-407.

LAHIRE, B. (2001), *L'Homme pluriel. Les ressorts de l'action*, Paris, Armand Colin. [Existe traducción al castellano: LAHIRE, B. (2001) *El hombre plural. Los resortes de la acción*, Barcelona, Bellaterra].

LANTHEAUM, F. y LETOURNEAU, J. (dir.) (2016), *Le Récit du commun. L'histoire nationale racontée par les élèves*, Lyon, Presses universitaires de Lyon.

LAVABRE, MC. (1994), *Le Fil rouge. Sociologie de la mémoire communiste,* Paris, Presses de Sciences Po.

LAVABRE, MC. (2000), «Usages et mésusages de la notion de mémoire», *Critique internationale,* 7, pp. 48-57.

LAVABRE, MC. (2001), «La mémoire fragmentée: peut-on agir sur la mémoire?», *Cahiers français,* 303, pp. 8-13.

LAVABRE, MC. (2007), «Paradigmes de la mémoire», *Transcontinentales,* 5, pp. 139-147.

LAZARSFELD, P., BERELSON, B. y GAUDET, H. (1948), *The People's Choice. How the Voter Makes up his Mind in a Presidential Campaign,* Nueva York, Columbia Uni- versity Press.

LECOMBE, D. (2014), *«Nous sommes tous en faveur des victimes» La diffusion de la justice transitionnelle en Colombie,* Paris, Fondation Varenne.

LEDOUX, S. (2016), *Le Devoir de mémoire. Une formule et son histoire,* Paris, CNRS Éditions.

LEFRANC, S. (2002), *Politiques du pardon,* Paris, PUF.

LEFRANC, S. (dir.) (2006a), *Après le conflit, la réconciliation ?,* Paris, Michel Houdiard.

LEFRANC, S. (2006b), «Le mouvement pour la justice restauratrice: "an idea whose time has come"», *Droit et Société,* 2 (63-64), pp. 393-409.

LEFRANC, S. (2008), «Du droit à la paix. La circulation des techniques internationales de pacification par le bas», *Actes de la recherche en sciences sociales,* 4 (174), pp. 48-67.

LEFRANC, S. (2009), «La professionnalisation d'un militantisme réformateur du droit: l'invention de la justice transitionnelle», *Droit et Société,* 73, pp. 561-589.

LEFRANC, S. (2014), «Pleurer ensemble restaure-t-il le lien social? Les commissions de vérité, "tribunaux des larmes" de l'après-conflit», *La Justice pénale internationale face aux crimes de masse. Approches critiques,* Paris, Pédone.

LEFRANC, S. et MATHIEU L. (dir.) (2010), *Mobilisations de victimes,* Rennes, Presses universitaires de Rennes.

LEFRANC, S., MATHIEU, L. y SIMÉANT, J. (2008), «Les victimes écrivent leur histoire», *Raisons politiques,* 30, mai, pp. 5-19.

LEFRANC, S. y MOURALIS, G. (2014), «De quel(s) droit(s) est faite la justice pénale internationale? Deux moments de la constitution hésitante d'une justice de l'après-conflit», *Socio,* 3, pp. 209-245.

LEGRIS, P. (2014), *Qui écrit les programmes d'Histoire?,* Grenoble, Presses universitaires de Grenoble.

LETOURNEAU, J. (2014), *Je me souviens? Le passé du Québec dans la conscience de sa jeunesse,* Anjou, Fides.

LEVY, D. y SZNAIDER N. (2004), «The Institutionali- zation of Cosmopolitan Morality: The Holocaust and Human Rights», *Journal of Human Rights,* 3 (2), pp. 143-157.

LISLE, D. (2006), «Sublime Lessons: Education and Ambivalence in War Exhibitions», *Millennium. Journal of International Studies*, 34 (3), pp. 841-862.

LITT, E. (1963), «Civic Education, Community Norms, and Political Indoctrination», *American Sociological Review*, 28 (1), pp. 69-75.

LORAUX, N. (1997), *La Cité divisée. L'oubli dans la mémoire d'Athènes*, Paris, Payot.

MAISON, R. (2017), *Pouvoir et génocide. Dans l'œuvre du Tribunal pénal international pour le Rwanda*, Paris, Dalloz.

MALLINDER, L. (2007), «Can Amnesties and International Justice be Reconciled?», *The International Journal of Transitional Justice*, 1 (2), pp. 208-230.

MARIOT, N. (2008), «Qu'est-ce qu'un "enthousiasme civique"? Sur l'historiographie des fêtes politiques en France après 1789», *Annales. Histoire, Sciences sociales*, enero-febrero, 1, pp. 113-139.

MARIOT, N. (2011), «Does Acclamation Equal Agreement ? Rethinking Collective Effervescence through the Case of the Presidential "tour de France" during the 20th Century», *Theory & Society*, marzo, 40 (2), pp. 191-221.

MARRUS, M. (2000), «L'histoire et l'Holocauste dans le prétoire», *Le Génocide des Juifs entre procès et histoire (1943-2000)*, Bruselas, Complexe.

MAURER, S. (2000), *École, famille et politique. Socialisations politiques et apprentissage de la citoyenneté. Bilan des recherches en science politique*, Paris, CNAF.

MCDOOM, O. (2014), «Antisocial Capital: A Profile of Rwandan Genocide Perpetrator's Social Net- works», *Journal of Conflict Resolution*, 58 (5), pp. 865-893.

MCDOWELL S. y BRANIFF M. (2014), *Commemoration as Conflict. Space, Memory and Identity in Peace Processes*, Basingstoke, Palgrave.

MESNARD, P. (2000), *Consciences de la Shoah. Critique des discours et des représentations*, Paris, Kimé.

MEYERS, P. (2002), «The Holocaust in American Life?», *European Journal of Social Theory*, 5 (1), pp. 149-164.

MICHEL, J. (2010), *Gouverner les mémoires. Les politiques mémorielles en France*, Paris, PUF.

MICHEL, J. (2015), *Devenir descendants d'esclave. Enquête sur les régimes mémoriels*, Rennes, Presses universitaires de Rennes.

MILGRAM, S. (1994), *Soumission à l'autorité*, Paris, Calmann-Lévy.

MONROE, K. (2004), *The Hand of Compassion*, Princeton, Princeton University Press.

NAEPELS, M. (2013), *Conjurer la guerre. Violence et pouvoir à Houaïlou (Nouvelle-Calédonie)*, Paris, EHESS.

NAFTALI, P. (2013), *La Construction du droit à la vérité en droit international. Une ressource ambivalente à la croisée de plu- sieurs mobilisations*, tesis de doctorado, Université libre de Bruxelles.

NORA, P. (1997a), *Les Lieux de mémoire*, Paris, Gallimard.

NORA, P. (1997b), « L'ère des commémorations », en *Les Lieux de mémoire*, Paris, Gallimard, pp. 4699-4706.

NOVICK, P. (2001), *L'Holocauste dans la vie américaine*, Paris, Gallimard. [Existe traducción al castellano: NOVICK, P. (2007), *Judíos, ¿vergüenza o victimismo? El Holocausto en la vida americana*, Madrid, Marcial Pons].

OBERTI, M. y PRETECEILLE, E. (2016), *La Ségrégation urbaine*, Paris, La Découverte.

OESER, A. (2010), *Enseigner Hitler. Les adolescents face au passé nazi en Allemagne. Interprétations, appropriations et usages de l'histoire*, Paris, Maison des sciences de l'homme.

OFFENSTADT, N. (2009), *L'Histoire Bling Bling. Le retour du roman national*, Paris, Stock.

OLSEN, T., PAYNE, L. y REINER, A. (2010), *Transitional Justice in Balance. Comparing Processes, Weighing Efficacy*, Washington, USIP.

OSIEL, M. (2006), *Juger les crimes de masse*, Paris, Seuil.

PAGIS, J. y LIGNIER, W. (2017), *L'Enfance de l'ordre. Comment les enfants perçoivent le monde social*, Paris, Seuil.

PENDAS, D. (2000), «"Auschwitz, je ne savais pas ce que c'était." Le procès d'Auschwitz à Francfort et l'opinion publique allemande », *Le Génocide des Juifs entre procès et histoire (1943-2000)*, Bruselas, Complexe.

PENNELL, C. (2016), «Learning Lessons from War? Inclusions and Exclusions in Teaching First World War History in English Secondary Schools», *History & Memory*, primavera-verano, pp. 36-70.

PERCHERON, A. (1984), *La Socialisation politique dans l'enfance et l'adolescence*, tesis doctoral, Institut d'études politiques de Paris.

POLLAK, M. (1990), *L'Expérience concentrationnaire. Essai sur le maintien de l'identité sociale*, Paris, Métailié.

POLLAK, M. (1993), *Une identité blessée*, Paris, Métailié.

PROCHASSON, C. (2008), *L'Empire des émotions. Les his- toriens dans la mêlée*, Paris, Demopolis.

RECHTMAN, R. (2005), «Du traumatisme à la victime. Une construction psychiatrique de l'intolérable», *Les Constructions de l'intolérable*, Paris, La Découverte.

RECHTMAN, R. (2013), *Mémoire et anthropologie. Le traumatisme comme invention sociale, Les Chantiers de la mémoire*, Bry-sur-Marne, INA Éditions.

REICH, T. (2014), *Mon Holocauste*, Paris, Cherche Midi.

REVET, S. y LANGUMIER, J. (dir.) (2013), *Le Gouvernement des catastrophes*, Paris, Karthala.

REVILLARD, A. (2017), «La réception des politiques du handicap: une approche par entretiens biographiques», *Revue française de sociologie*, 58 (1), pp. 71-95.

RICHARDS, P. (2005), «New War: An Ethnographic Approach», *No Peace, No War. An Anthropology of Contemporary Armed Conflicts*, Athens (Ohio), Ohio University Press.

RICOEUR, P. (2000), *La Mémoire, l'Histoire, l'oubli*, Paris, Seuil. [Existe traducción al castellano: RICOEUR, P. (2010), *Le memoria, la historia, el olvido*, Madrid, Trotta].

ROSENZWEIG, R. (2000), «How Americans Use and Think about the Past: Implications from a National Survey for the Teaching of History», *Knowing, Teaching, and Learning History. National and International Perspectives*, Nueva York, New York University Press.

ROSOUX, V. (2001), *Les Usages de la mémoire dans les relations internationales*, Paris, Bruylant.

ROUSSO, H. (1990), *Le Syndrome de Vichy de 1944 à nos jours*, Paris, Seuil.

ROUSSO, H. (2002), «L'expertise des historiens dans les procès pour crime contre l'humanité», *Barbie, Touvier, Papon. Des procès pour la mémoire*, Paris, Autrement.

ROUSSO, H. (2016), *Face au passé. Essais sur la mémoire contemporaine*, Paris, Belin.

ROUSSO, H. y CONAN, É. (1996), *Vichy. Un passé qui ne passe pas*, Paris, Gallimard.

SALAS, D. (2002), «La justice entre histoire et mémoire», *Barbie, Touvier, Papon. Des procès pour la mémoire*, Paris, Autrement, pp. 20-33.

SATTERWHITE, E. (2005), «That's What They're all Singing about: Appalachian Heritage, Celtic Pride, and American Nationalism at the 2003 Smithsonian Folklife Festival», *Appalachian Journal*, 32, pp. 302-338.

SCHAEFFER, JM. (1999), *Pourquoi la fiction?*, Paris, Seuil.

SCHUMAN, H. y RIEGER, CH. (1992), «Collective Memory and Collective Memories», *Theoretical Perspectives on Autobiographical Memory*, Dordrecht, Kluwer Academic Publishers, pp. 323-336.

SCHUMAN, H. y CORNING, A. (2006), «Comparing Iraq to Vietnam: Recognition, Recall, and the Nature of Cohort Effects», *The Public Opinion Quarterly*, 70 (1), pp. 78-87.

SCHUMAN, H. y CORNING, A. (2013), «Historical Analogies, Generational Effects, and Attitudes Toward War», *The Public Opinion Quarterly*, 77 (2), pp. 433-454.

SHERIF, M., HARVEY, J., WHITE J., HOOD, W. y SHERIF C. (1961), *Intergroup Conflict and Cooperation. Robber's Cave Experiment*, Norman, Oklahoma Book Exchange.

SHKLAR, J. (2002), *Visages de l'injustice*, Paris, Circé.

SPIRE, A. (2016), «État des lieux: les *policy feedbacks* et le rapport ordinaire à l'État», *Gouvernement et action publique*, 4 (4), pp. 141-156.

STORA, B. (2007), «Avant-propos. L'internationalisation des guerres et de la réconciliation des mémoires», *Politique étrangère*, 2, pp. 310-312.

TACKETT, T. (1997), *Par la volonté du peuple. Comment les députés de 1789 sont devenus révolutionnaires*, Paris, Albin Michel.

TADIE, JY. et TADIE, M. (2013), *Le Sens de la mémoire*, Paris, Gallimard.

TAÏEB, E. (2011), *La Guillotine au secret. Les exécutions publiques en France (1870-1939)*, Paris, Belin.

TEC, N. (1986), *When Light Pierced the Darkness. Christian Rescue of Jews in Nazi-Occupied Poland*, Oxford, Oxford University Press.

TEEGER, CH. (2015), «Both Sides of the Story. History Education in Post-Apartheid South Africa», *American Sociological Review*, 80 (6), octubre, pp. 1175-1200.

THOMAS, Y. (1998), «La vérité, le temps, le juge et l'historien», *Le Débat*, 102, pp. 17-36.

TODOROV, T. (1993), «La mémoire et ses abus», *Esprit*, julio, 193, pp. 34-44.

TODOROV, T. (1995), *Les Abus de la mémoire*, Paris, Arléa. [Existe traducción al castellano: TODOROV, T. (2013) *Los abusos de la memoria*, Madrid, Paidos Ibérica].

TORNATORE, JL. (2004), «Beau comme un haut four-neau. Sur le traitement en monument des restes industriels», *L'Homme*, 170, pp. 79-116.

TORNATORE, JL. y BARBE, N. (dir.) (2011), *Les Formats d'une cause patrimoniale. Agir pour le château de Lunéville*, Paris, LAHIC.

TRAVERSO, E. (2005), *Le Passé, modes d'emploi. Histoire, mémoire, politique*, Paris, La Fabrique. [Existe traducción al castellano: TRAVERSO, E. (2007), *El pasado, instrucciones de uso. Historia, memoria, política*, Madrid, Marcial Pons].

TUTIAUX-GUILLON, N. (2008), «Histoire et mémoire, questions à l'histoire scolaire ordinaire», *Quand les mémoires déstabilisent l'école. Mémoire de la Shoah et enseignement*, Paris, Institut national de recherche pédagogique.

URRY, J. (2002), *The Tourist Gaze. Leisure and Travel in Contemporary Societies*, Londres, Sage.

VAIREL, F. (2014), *Politique et mouvements sociaux au Maroc. La révolution désamorcée*, Paris, Presses de Sciences Po.

VARESE, F. y YAISH, M. (2000), «The Importance of Being Asked. The Rescue of Jews in Nazi Europe», *Rationality and Society*, agosto, pp. 307-334.

VEYNE, P. (1983), *Les Grecs ont-ils cru à leurs mythes? Essai sur l'imagination constituante*, Paris, Seuil.

VEYNE, P. (1985), «Les saluts aux dieux, le voyage de cette vie et la "réception" en iconographie», *Revue archéologique*, pp. 47-61.

VEYNE, P. (1990), «Propagande expression roi, image idole oracle», *L'Homme*, 30 (114), pp. 7-26.

VEYNE P. (2002), «Lisibilité des images, propagande et apparat monarchique dans l'Empire romain», *Revue historique*, 621, pp. 3-30.

WAHNICH, S. (2011), «L'impossible patrimoine négatif», *Les Cahiers Irice*, 1 (7), pp. 47-62.

WEINRICH, H. (2013), *Léthé. Art et critique de l'oubli*, Paris, Fayard.

WELZER, H. (2007), *Les Exécuteurs. Des hommes normaux aux meurtriers de masse*, Paris, Gallimard.

WELZER, H., MOLLER, S. y TSCHUGGNALL, K. (2013), *Grand-père n'était pas un nazi. Nationalsocialisme et Shoah dans la mémoire familiale*, Paris, Gallimard.

Desde Barlin Libros agradecemos
tu interés por *Tejer el pasado*.
Para enterarte de todas nuestras
novedades y publicaciones,
no dudes en visitarnos en:

www.barlinlibros.org

Y seguirnos en:
@barlinlibros

Asimismo, te invitamos a trasladarnos
cualquier consulta, duda, comentario
o sugerencia a través de nuestro mail:

editorial@barlinlibros.org

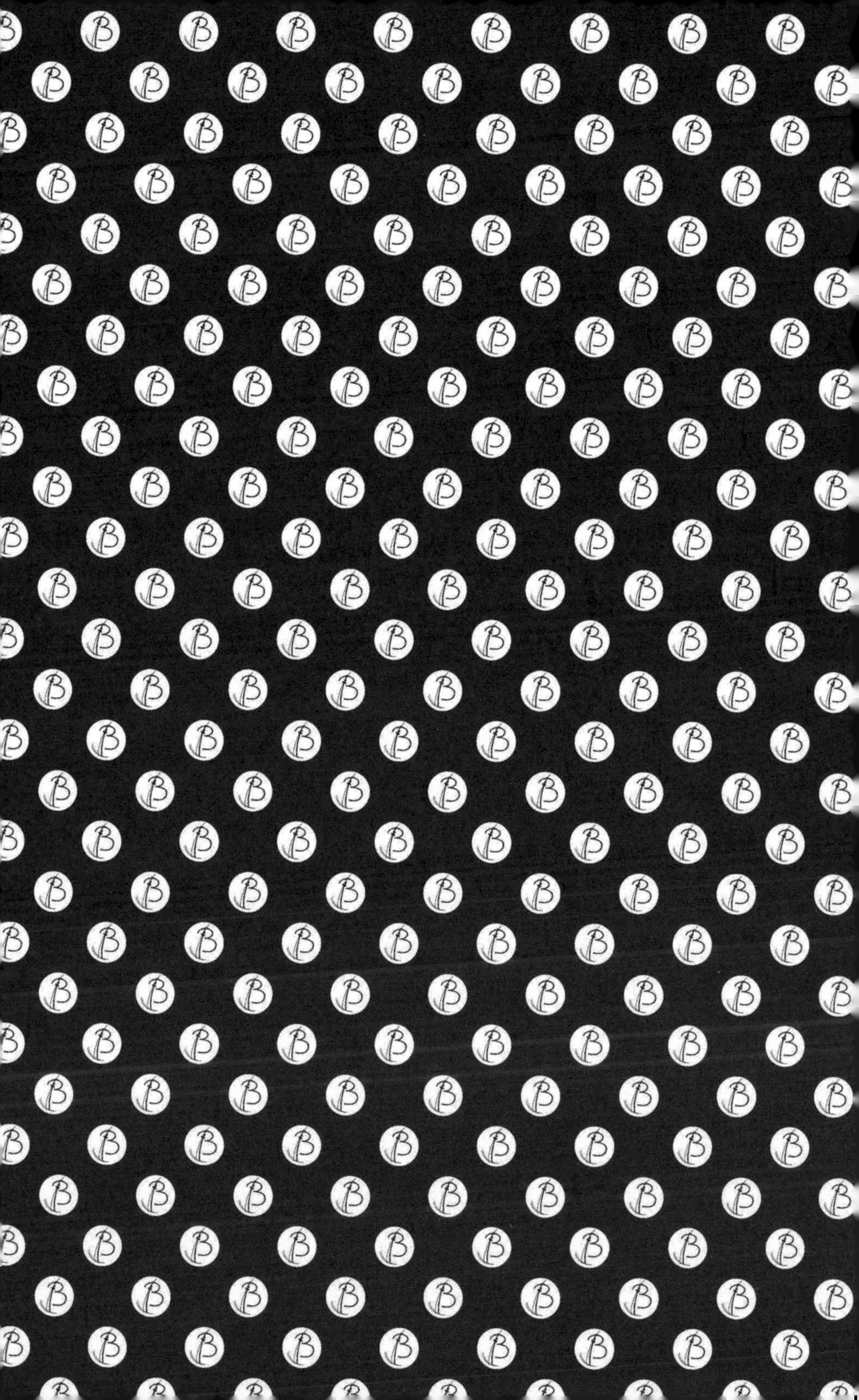

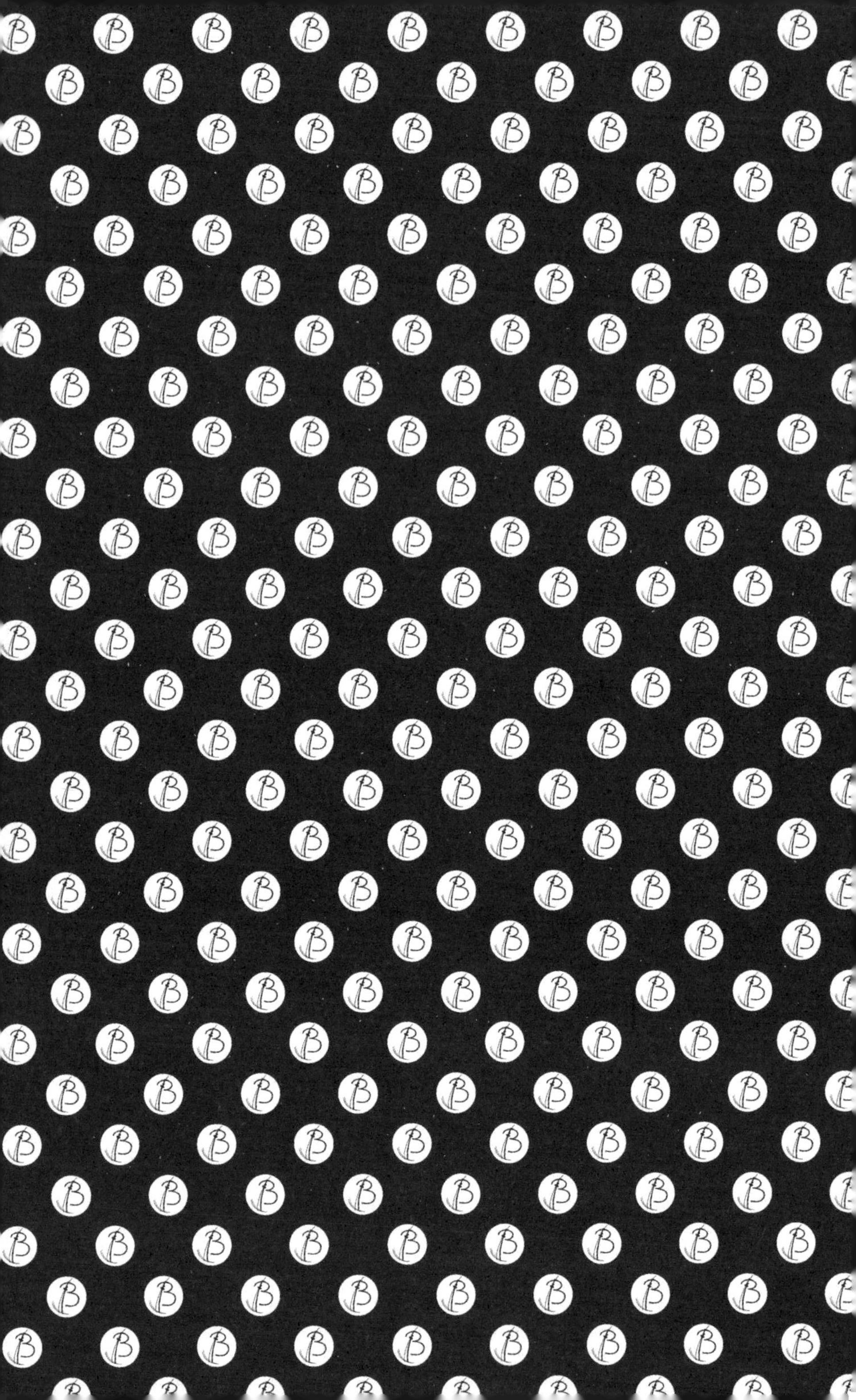

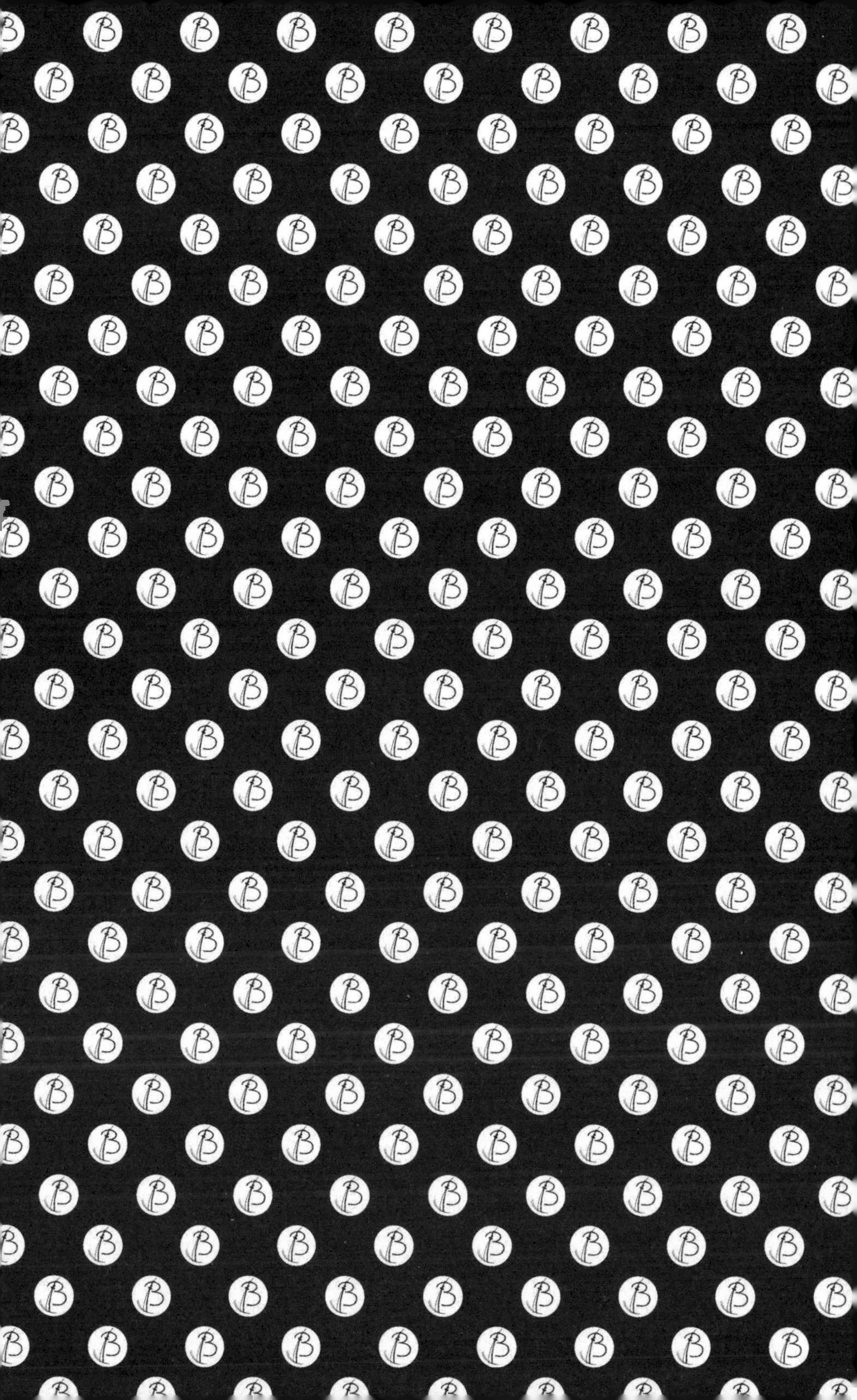

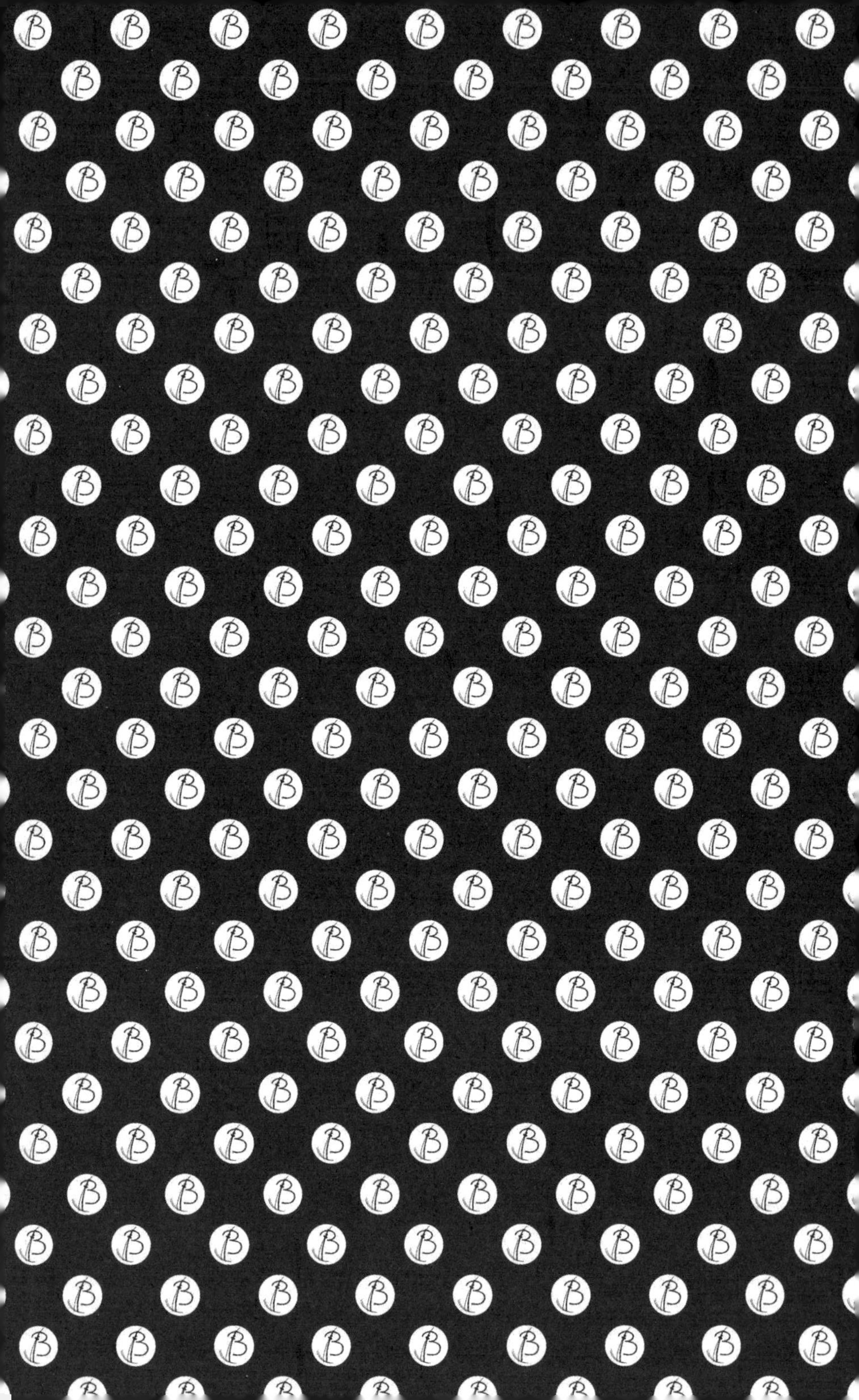